"十四五"普通高等教育本科精品系列教材

Hotel Brand Image Design

主 编 彭媛媛

副主编 万 萱 李 易 徐 慧

酒店品牌形象设计

西南财经大学出版社
South Western University of Finance & Economics Press

中国·成都

图书在版编目(CIP)数据

酒店品牌形象设计/彭媛媛主编;万萱,李易,徐慧副主编.—成都:西南
财经大学出版社,2023.8
ISBN 978-7-5504-5886-4

Ⅰ.①酒…　Ⅱ.①彭…②万…③李…④徐…　Ⅲ.①饭店—商品品牌—
设计—教材　Ⅳ.①F719.2

中国国家版本馆 CIP 数据核字(2023)第 144359 号

酒店品牌形象设计

JIUDIAN PINPAI XINGXIANG SHEJI

主　编　彭媛媛

副主编　万萱　李易　徐慧

策划编辑:李邓超

责任编辑:王青杰

责任校对:王甜甜

封面设计:彭媛媛　张姗姗

责任印制:朱曼丽

出版发行	西南财经大学出版社(四川省成都市光华村街55号)
网　　址	http://cbs. swufe. edu. cn
电子邮件	bookcj@ swufe. edu. cn
邮政编码	610074
电　　话	028-87353785
照　　排	四川胜翔数码印务设计有限公司
印　　刷	四川五洲彩印有限责任公司
成品尺寸	185mm×260mm
印　　张	10.25
字　　数	235 千字
版　　次	2023 年 8 月第 1 版
印　　次	2023 年 8 月第 1 次印刷
印　　数	1—2000 册
书　　号	ISBN 978-7-5504-5886-4
定　　价	50.00 元

▶▶ 前言

　　"酒店品牌形象设计"既是高等艺术设计类学科在本科阶段的必修课程，也是酒店旅游类专业学生的选修课程。本教材既可作为酒店旅游类院校、艺术或综合院校设计学科类本（专）科的专业教材，也可作为从事酒店品牌设计的行业人士、艺术设计类及综合高校的教师以及设计研究人员的参考书和学习指南。在教学改革方面，本教材融合主编及团队开设的"酒店品牌形象设计"课程，极大地满足了旅游酒店行业的需求，深度融合校企协同育人模式构建探索，是四川省2018—2020年高等教育人才培养质量和教学改革项目之一。以本书的内容作为教学基础，主编及团队主持的"酒店品牌形象设计"课程是2018—2019年建设完成的四川省特色专业、四川省应用型示范专业（视觉传达专业）的核心课程，也是2018—2021年建设完善的四川省应用型示范课程、2022年四川省省级一流本科课程。

　　2016年国务院办公厅发布的《国务院办公厅关于发挥品牌引领作用推动供需结构升级的意见》明确指出："品牌是企业乃至国家竞争力的综合体现，代表着供给结构和需求结构的升级方向。"酒店品牌形象设计对于酒店品牌竞争的价值来讲，具有识别、促销、增值、宣传、内敛提升等作用。酒店品牌形象设计既是酒店企业经营战略的重要组成部分，也是酒店企业与消费者之间相互沟通的桥梁、酒店内部员工企业文化理念的管理规范及酒店行业相互竞争的重要筹码。本教材开篇以案例的形式溯源中西方酒店品牌形象的发展历程，并对酒店品牌的构成要素做详细讲解，同时介绍了酒店品牌形象设计的功能与原则。通过系统的理论与大量真实、经典、优秀的设计案例图解，深入阐述了酒店品牌形象设计的一般流程、酒店品牌形象设计基础系统和应用系统、酒店品牌形象设计手册制作的方法以及对未来酒店品牌发展前瞻性的探索。在内容形式的呈现上，兼顾理论学习与设计实践结合，除了附加国内外知名酒店设计案例，还融合了作者团队带领学生团队，亲手操刀的主题酒店、客栈、民宿等实践案例，进行图文并茂的分析和讲解，以期使读者能通过解析市场现有最新酒店设计案例，更好地理解、掌握本教材相关知识。

目前市场及行业内，并无与《酒店品牌形象设计》教材名称重叠甚至相似的专业教材，线上线下也欠缺与本课程紧密相关的教材和资源。本教材的出版，弥补了设计学大类在品牌设计理论和实操领域中教学的空白，是唯一一门针对酒店类的品牌形象撰写的特色教材。为了兼顾学生及教学需求，本教材也截选了一部分国内外优秀设计师的作品作为案例阐述，因客观原因，一些作品几经周转未能详尽列出作者具体信息，在此向本书参考图例中的作者表示歉意和感谢！并请相关人员与编者联系。

本教材由成都银杏酒店管理学院彭媛媛、万萱、李易、徐慧编著，王佳慧、黄培尧、范娟、刘艳参编。在编写过程中团队成员参考了大量相关资料，囿于经验和时间因素难免有不足之处，敬请各位专家和读者提出宝贵意见，以供修订时改进。

彭媛媛

2023 年 1 月

▶▶ 目录

78 / 第四章　酒店品牌形象设计应用系统

第一章

酒店品牌形象设计概述

　　酒店品牌形象设计既是酒店企业经营战略的重要组成部分，也是衔接酒店企业与消费者之间相互沟通的纽带，除了可以提升酒店品牌的影响力和显示度，还有助于管理规范酒店内部员工的企业文化理念，更是酒店行业间相互竞争的重要筹码。笔者深入学习贯彻党的二十大精神，从设计的角度出发，致力于探索中国特色的酒店品牌形象设计新模式。深度挖掘自身优势资源，研究消费者的心理和需求，以品质设计为导向，建立酒店品牌设计文化生态体系，满足消费者多元化度假需求。坚持文旅融合的时代精神，丰富酒店产品的文化内涵，满足人民日益增长的度假休闲需要。对本书进行系统性的学习，可以帮助读者了解酒店企业形象设计开发的程序，掌握企业形象视觉要素基本系统和应用系统的设计要求与方法，使读者对品牌设计有全方位的深入认知和把握，初步具备酒店品牌策划设计、实施、管理和进行有效传播的能力，为从事品牌设计方向的设计师打下坚实的设计基础。

第一节　酒店品牌的基础知识

　　随着全球旅游经济的蓬勃发展，酒店行业的发展日新月异，竞争十分激烈。酒店品牌要在市场竞争中站稳脚跟，除了需要重视酒店的经营理念和服务质量以外，良好的品牌形象设计及广告宣传也显得尤为重要。酒店类型众多，例如商务型酒店、度假型酒店、会议型酒店、经济型酒店、公寓式酒店、主题酒店等，但无论哪一种类型的酒店，都离不开品牌的号召性和影响力。酒店品牌是无形资产，具体来讲它是酒店名称、酒店形象设计、酒店象征和记号、酒店文化和理念的组合，是酒店企业方或其产品产生的附加值。对于酒店企业而言，正确引导消费者及酒店内外部工作人员对酒店品牌产生兴趣，并将相关的概念、特征、作用进行普及和宣传，有助于推动物质文明的进步。设计团队通过专业和系统化的酒店视觉形象设计，有效地彰显酒店特色和文化，让酒店方获得良好的经济效益以及社会价值，对酒店的品牌效应更加持续、良好地推进发挥作用。

一、品牌的溯源与发展

品牌的历史最早可以追溯到古埃及，经历了漫长的历史演变后，时代赋予品牌的表达方式早已不同。"品牌"是英文单词"Brand"的英译，源自古代斯堪的纳维亚文字"Brandr"，原意是在动物背上"打上烙印"的意思，农耕时代的人们用这种方式来标记家畜或贵重物品，以便区分各自私有的财产。在古希腊、古埃及和古代的中国，人们常会在器皿上刻画标记。到了中世纪的欧洲，手工匠人用打烙印的方法在自己的手工艺品上烙下印记，以便顾客识别产品的产地和制造者，这就形成了商标的雏形。例如：16世纪早期的蒸馏威士忌酒生产商，在装有威士忌酒的木桶中烙上生产者的名字；中国北宋时期济南刘家功夫针铺以白兔形象作为标记，提示顾客"认门前白兔儿为记"。这些最初的商标，除了具备识别的功能，也体现出商家对于商品质量、信誉的保证。伴随着19世纪第二次工业革命后商业的蓬勃发展，工厂将商品运输出去的时候，会用标志或徽章来区分各自的产品，至此品牌最初的价值随之产生。知名的商品包括可口可乐、壳牌公司产品等，都是世界上第一批具有品牌意义的产品。

亚洲能追溯到的最早的酒店品牌，是位于日本山梨县的西山温泉庆云馆（见图1.1），旅馆于公元705年就开始营业，迄今为止已经营了1 300多年，消费人群上至天皇下至武士。旅馆经过50多代人的传承，被吉尼斯世界纪录认定为"世界上历史最悠久的旅馆"，全馆皆为源泉放流式温泉旅馆，在图1.1中也能看出酒店外观虽然较为陈旧，但其标志及店内形象设计，仍旧保留了传统日式文化中古色古香的韵味。

图1.1　日本西山温泉庆云馆

凯宾斯基酒店作为欧洲历史上较悠久的豪华酒店集团，始建于1897年。凯宾斯基拥有历史悠久的地标性项目、城市生活方式酒店、豪华度假村以及酒店式公寓，每家酒店的装修均秉承凯宾斯基品牌的传统——浪漫与奢华，让顾客在住店的同时还可以领略各个城市的文化风情。其酒店标志设计和现今琳琅满目、标新立异的标志不同，采用传统英文的手书字体诠释Kempinski（凯宾斯基）。Kempinski取自酒店品牌创始人伯托·凯宾斯基（Berthold Kempinski）的名字，这也让创始人凯宾斯基成为世界知名品牌的历史起点（见图1.2）。

图 1.2　凯宾斯基酒店

到了 21 世纪，品牌逐步被认为是企业独有的资源和资本，品牌背后的隐形价值逐渐被各行各业的企业重视，企业也从品牌效应里获得了丰厚的经济效益及社会认同。不但大型企业重视品牌，中小型企业也试图通过创造商品自身价值以外的附加值，以实现更大的盈利空间。时移世易，随着品牌承载的内涵越来越丰富，甚至形成了专门的一套科学体系，即"品牌学"。"品牌学"既是知识社会、信息社会的产物，也是在全球化经济时代背景下世界市场的产物；既是社会生产力发展到较高阶段的必然结果，也是社会文明进步的体现。"品牌学"的出现，对于国内外酒店市场的发展，以及酒店企业对于品牌的运作，都具有十分重要的意义。

二、品牌的概念

《牛津大辞典》里品牌被解释为"用来证明所有权，作为质量的标志或其他用途"，即产品的品质。根据现代营销学之父菲利普·科特勒在《市场营销学》中对品牌的定义，品牌是销售者向购买者长期提供的一组特定的特点、利益和服务。在品牌学科定义中，品牌是具有经济价值的无形资产，它既抽象又独有，是一种符号和象征，其价值理念和优异品质产生的差异性，是具备核心竞争力的。对于消费者而言，品牌是消费者对产品从认知到认可的过程，是人们对企业及其产品包括售后服务和文化价值的评价甚至信任。品牌方通过对企业理念、行为、视觉、听觉四个方面进行规范，使之具备特定性、价值性、长期性、认知性，从而形成了一种独有的识别系统，这套系统我们也称之为 CIS（corporate identity system）体系。

企业团队在进行品牌战略开发的时候，CIS 体系作为企业识别系统的总指挥，分别由理念识别（mind identity，MI）、行为识别（behavior identity，BI）和视觉识别（visual identity，VI）三大系统构成，它们相辅相成、有机配合。CIS 中的品牌文化、品牌形象、品牌传播等一系列市场活动组队呈现，是一套完整科学的品牌战略工程，是企业开发团队工作者智慧的结晶（见图 1.3）。消费者对企业品牌的认知度、忠诚度无疑是一种隐形资产。例如当人们提及某一品牌的时候，总会将时尚和文化等品牌价值联想到一起，人们更倾向于低附加值向高附加值的突破和转变，享受产品开发的优势、产品质量的优势、文化创新的优势带来的视听盛宴。在现今信息和科技大爆炸的时代，线下线上的商战日益激烈，企业方纷纷响应市场需求，孕育品牌文化、塑造品牌效应。随着这些优秀企业的迅速发展，企业方塑造品牌的目的从普通品牌变为知名品牌，包括名牌的产品、名牌的企业等，这些象征企业信誉度和美誉度的品牌效益，成为国内外各大企业共同追逐的目标。当品牌被市场认可并接受，当知名品牌在市场竞争中成为强势品牌后，其产生的利益价值已远远超出商品本身的价值了，这就是品牌效应最终的目的。

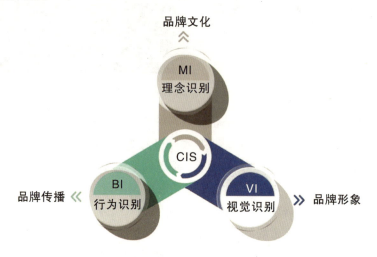

图 1.3　品牌战略体系与 MI、BI、VI 的关系

三、酒店品牌形象设计的定义

　　酒店品牌形象设计的溯源点，来自酒店企业、酒店产品、酒店消费群三者共同作用而产生的品牌战略体系。

　　广义的酒店品牌形象设计，属于酒店品牌视觉识别体系，是根据酒店品牌理念识别体系和酒店品牌行为识别体系两者联动发生，再以最佳的方式传播到市场中。狭义的酒店品牌形象设计概念，从视觉传达设计专业的角度理解，即酒店 VIS 视觉识别系统设计。VIS 是英文单词 visual identity system（视觉识别系统）的缩写，简称 VI，是 CIS（企业形象识别系统）的重要组成部分，是 CIS 的视觉外貌。酒店品牌形象设计（酒店 VIS）有识别、辨别、视觉化的意思，其主要功能是将酒店的理念文化、战略措施、经营目的等信息，通过标准和规范的形式语言，将可视化设计导入各类传播工具中。酒店品牌形象设计由基础设计和应用设计两大系统构成（见图 1.4）。基础设计系统包含酒店品牌名称、酒店标志、酒店标准字、酒店辅助图形、酒店吉祥物、酒店标准色与辅助色、酒店专有印刷字、酒店元素组合规范等核心元素，应用设计系统主要包括酒店办公用品设计、酒店媒介宣传设计、酒店洗漱类用品设计、酒店公共关系赠品设计、酒店前台类用品设计、酒店服装配饰设计、酒店导视系统及展示设计部分等。

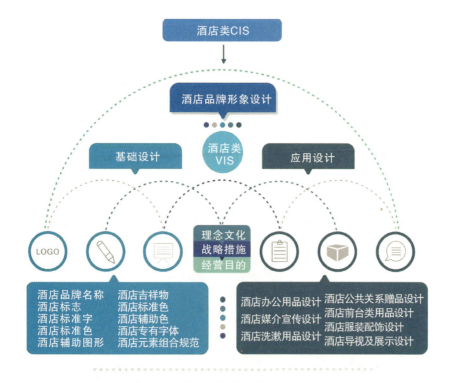

图1.4 酒店品牌形象设计的内容

　　一个优秀的酒店品牌形象设计，既能满足消费者对于住宿方面功能性的需求，使消费者从情感层面上传播酒店的品质与服务，还能显示出住客身份、地位、心理等个性化的特征。优秀的设计不仅包括酒店本身的价值体验，而且能把住客的诉求和情怀转向酒店的附加值体验感上。随着商业社会和网络技术的飞速发展，市场上酒店的产品及服务差异变小，一方面，年轻时尚的消费人群对住宿的体验感需求有所增加，对酒店的忠诚度和追随度越来越高；另一方面，酒店方对消费者的传播度、信誉度也愈加重视。在酒店差异化竞争不明显的买方市场，关于酒店及其产品如何树立独有的品牌符号，标新立异，建立个性化的品牌美誉度，本书希望通过使读者掌握酒店品牌形象设计的基本理论及实践方法来解决这个问题（见图1.5）。

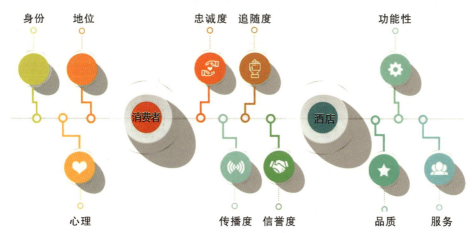

图1.5 消费者与酒店品牌的关系

第二节　酒店品牌形象的构成要素

　　酒店品牌的形象主要由两大核心要素构成。首先是具象的构成要素，主要是指酒店品牌的设计要素，包括酒店品牌名称、酒店品牌标志、酒店品牌视觉识别系统。这部分设计内容根植于有形的传播载体之上，是设计的有形表现。其次是抽象的构成要素，是酒店品牌延展的部分，分别由酒店品牌定位、酒店品牌文化、酒店品牌信誉、酒店品牌价值构成，以上抽象的构成要素属于酒店企业的无形资产，凝结了品牌的精髓和内涵（见图1.6）。

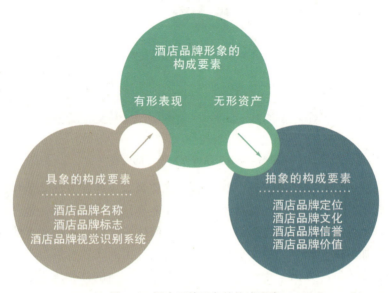

图1.6　酒店品牌形象的构成要素

一、酒店品牌名称

　　在正式注册酒店商标之前，或是建立完整的酒店品牌识别系统之前，第一个步骤是给酒店品牌命名。在酒店委托方对酒店进行命名之后，设计师可根据品牌名称的寓意，运用图形、文字等元素将其表达出来。广义的酒店品牌名称是品牌中可以用语言文字表达的部分，既简洁又能概括核心内容，还可以反映出酒店的经营理念和文化价值，将酒店品牌的含义浓缩成为言简意赅的视觉语言符号，对于表达酒店企业内核精髓起到了重要意义。优秀的酒店品牌名称不但能直接体现酒店的个性和特色，还能成为连接酒店和住客的情感纽带，搭建起酒店品牌与消费人群之间的桥梁。

（一）酒店品牌命名的原则

　　在对酒店品牌进行命名的时候要把握以下五个原则，这些原则能帮助我们更好地传达酒店品牌的信息和特征，凸显酒店文化及经营理念。

1. 易读易懂

　　酒店品牌名称在发音和朗读的时候，应做到让人易读、易懂，即通俗易懂。选择朗朗上口的字词，可以让人产生轻松愉悦的情绪，传播效率和记忆深刻度也会比较高。

2. 简明扼要

简明扼要的酒店品牌名称，可以增加消费人群对于酒店的理解和认知。这样的名称不但使消费者印象深刻，展示和传播的速度也会较快。

3. 产生联想

一些内涵丰富的酒店品牌名称，可以激发人们海阔天空的联想，例如表达一些意境和情绪的名称，能够唤起消费者内心深处的情怀。

4. 寓意暗示

准确恰当的酒店品牌名称，可以暗示出酒店的定位、档次、特征、类别、属性、特色等，有效地提高酒店的品牌效应。

5. 法律保护

在给酒店品牌名称命名时要特别注意是否侵权和违反国家相关法律法规，务必在国家允许的范围内进行名称的拟定，使其受到法律保护。

(二) 酒店品牌命名的方法

酒店品牌命名方法有很多，大致分为以下几种（见图1.7）：

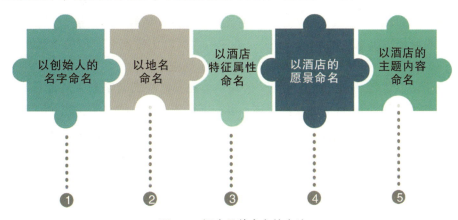

以创始人的名字命名 ① 以地名命名 ② 以酒店特征属性命名 ③ 以酒店的愿景命名 ④ 以酒店的主题内容命名 ⑤

图 1.7　酒店品牌命名的方法

1. 以创始人的名字命名

以酒店创始人的姓氏或者名字对酒店进行命名的酒店，会给人们带来一种安心的感觉，更容易获得顾客的青睐，同时提升酒店创始人的知名度。以创始人命名的酒店非常多，较为知名的酒店包括 JW 万豪酒店（J. W. Marriott）、特朗普酒店（Trump hotel）、豪生国际酒店（Howard Johnson）、希尔顿酒店（Hilton Hotels）等。其中被称为酒店之王的希尔顿酒店，由酒店大亨康拉德·希尔顿（Conrad N. Hilton）于 1919 年创建。为扩大影响力，康拉德·希尔顿于 1928 年在达拉斯阿比林、韦科、马林、普莱恩维尤、圣安吉诺和拉伯克等地区相继建起了以自己名字命名的酒店——希尔顿酒店。酒店的经营宗旨是：为住客提供最好的住宿和服务。在不到 90 年的时间里，希尔顿酒店从 1 家扩展到 100 多家，遍布世界五大洲的各大城市，成为全球较大规模的酒店之一（见图1.8）。

 人名命名 →

康拉德·希尔顿
Conrad Hilton

Hilton Hotel&Resorts

图 1.8　希尔顿酒店

2. 以地名命名

以地名命名，即以酒店所在的地区或其他知名地区的地名进行酒店名称的命名，这样取名的好处是可借助知名地域自带的知名度吸引消费者，加深对酒店品牌名称的印象。以地名命名的知名酒店，当属大名鼎鼎的五星级酒店——香格里拉酒店。香格里拉（Shangri-La）位于云南省西北部、青藏高原横断山区腹地，是滇、川、藏三省份交界地，在藏语里寓意"心中的日月"，是中国西藏群山中闻名全国的"世外桃源"。20世纪70年代初，由于新加坡商务旅行的兴盛，高级酒店供不应求，马来西亚企业家郭鹤年先生便以地名——"香格里拉"这样一个独具匠心的名字来命名自己的豪华酒店集团，并于1971年在新加坡投资兴建了第一家豪华酒店，取名香格里拉（其英文为"Shangri-La"），寓意酒店恬静祥和、殷勤周到的服务，无时无刻不在向顾客传递着新颖神秘、亲切温暖的情感关怀，完美地诠释了香格里拉酒店集团的企业精神。充满浪漫情怀的香格里拉酒店，在华文色彩浓厚的新加坡连创佳绩，成为新加坡盈利能力最强的酒店，被奉为高级价廉酒店的象征（见图1.9）。

 地名命名 →

云南香格里拉

香格里拉酒店

图 1.9　香格里拉酒店

3. 以酒店特征属性命名

以特征和属性为酒店命名，指的是酒店根据自身的地域环境、经营范围、服务理念、文化背景、性能用途等特点，提炼出独有的特征属性，从而进行品牌名称的命名。位于海南三亚的蜈支洲岛珊瑚酒店，就是以酒店所在地域环境和属性特征命名的典型范例。蜈支洲岛珊瑚酒店坐落于以"中国马尔代夫，东方夏威夷"而著称的蜈支洲岛西北角，岛上有 2 700 多种原生植物，植被覆盖率高达 90% 以上，海水能见度极高，周边海域珊瑚种类丰富。由于酒店的地理环境特征是空气清新、海水清澈，海底丛生着五彩斑斓、形态各异的珊瑚，且酒店外观由四栋相连的建筑组成，宛如礁石上的珊瑚光彩溢目，因此酒店以其独特的地理环境和形象特征，命名为三亚蜈支洲岛珊瑚酒店（见图 1.10）。

图 1.10　三亚蜈支洲岛珊瑚酒店

4. 以酒店的愿景命名

世界知名的酒店品牌名称，都经过了精心的设计，除了名字的读音便于消费者识别和记忆外，名称中还往往蕴含酒店的愿景。以酒店品牌的愿景命名，包含了企业未来发展的核心信仰及前景，折射出酒店企业的价值观和消费者内心的渴望。以酒店愿景命名的好处，首先是便于进行品牌形象设计，其次还能给消费者传递正面、美好的寓意和联想。例如闻名全球的安缦酒店，酒店取名安缦（Aman），在梵文中，这个词汇意味着"和平、庇护、安宁"。该酒店最初的构想是在环境美丽优雅的地点，建造温馨舒适的私人度假酒店，营造一种天然雅致、宁静和谐的温馨氛围，取名安缦酒店（Aman Resorts）就是遵从了酒店的核心信仰和未来愿景（见图 1.11）。

图 1.11　安缦酒店

5. 以酒店的主题内容命名

根据某一特定主题内容对酒店品牌进行命名。这些特定内容包括历史、文化（神话、童话故事等）、城市、自然等，以此体现酒店的建筑风格和装饰艺术，凸显特定的文化氛围。例如以"浪漫爱情"为主题命名的维洛纳主题酒店（意大利维洛纳被称作"爱之城"，是罗密欧与朱丽叶的爱情故事发源地）、以"木屋"为主题的木屋·肯尼亚树顶酒店（人与动物和谐相处的茂密森林）、以"电影"为主题命名的加米拉苏洞穴酒店（源自电影"疯狂原始人"）等。以酒店的主题内容命名的优势是，能够让消费者从中获得欢乐愉悦的情感满足、知识科普的文化传播甚至是内心深处的情感刺激等，这种酒店的命名方式集独特性、文化性和体验性于一体，特别受现今时尚潮流一族消费群体的追捧。

家喻户晓的主题故事——迪士尼动画片《米老鼠和唐老鸭》一度风靡全球。上海迪士尼乐园酒店是坐落于上海迪士尼度假区内的主题酒店，是全球极具代表性的主题酒店之一。酒店拥有鲜明的迪士尼故事主题元素，装修以高雅的新艺术主义为设计风格，酒店环境充满神奇的想象力，从大堂装饰、墙面、窗帘再到客房家具，处处呈现迪士尼经典故事的奇思妙想。酒店直接引用迪士尼乐园主题进行命名——上海迪士尼乐园酒店（见图1.12），为住客打造愉快难忘的主题之旅。

图 1.12　上海迪士尼乐园酒店

二、酒店品牌标志

酒店品牌标志是酒店在生产制造或营销服务过程中使用的，为了区别于其他酒店而设计的具有显著特征的商标，它是一种视觉语言，运用图形、文字、色彩元素加以提炼并进行特定组合，为消费者传输某种信息，以达到识别品牌、促进销售的目的。标志图形与标志名称都是构成完整的品牌标志的要素。酒店标志是否能呈现出良好的视觉效果，直接决定了是否体现酒店服务质量及忠诚度的优势。我们在进行酒店品牌标志设计的过程中，除了需要掌握平面构成、色彩构成、立体构成和图形创意的设计知识以外，还应考虑酒店营销因素以及消费者对酒店环境的情感因素，甚至要了解注册商标相关的法律法规。从知名酒店的标志合集，我们可以看出酒店品牌标志的设计是系统化和多元性的（见图1.13）。

凯宾斯基酒店	希尔顿酒店	文化东方酒店	丽思卡尔顿酒店	凯悦酒店
威斯汀酒店	香格里拉酒店	万豪酒店	喜来登酒店	四季酒店

图1.13　知名酒店标志合集

三、酒店品牌视觉识别系统

　　酒店品牌视觉识别系统是品牌的有形要素，囊括了酒店产品及产品传播的形象设计，它是集多元化和统一性于一体的视觉符号系统，让品牌在市场竞争中脱颖而出。酒店品牌的视觉识别系统内容丰富，大都采用静态的识别符号作为传达形式，项目内容繁多，涉及层面较广。酒店品牌识别系统用完整科学的体系方式，将酒店企业的文化理念、属性特质、服务内容、行为规则等抽象语意，转换为具象的视觉符号概念，以塑造独特的酒店品牌形象（见图1.14）。

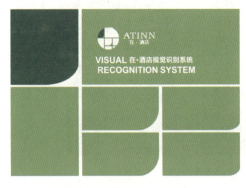

"在"酒店视觉识别系统　　　　　　　　　奈思酒店视觉识别系统

图1.14　酒店品牌视觉识别系统
（邱佳妮、庹思宇设计）

四、酒店品牌的定位

　　酒店品牌定位是指酒店针对潜在的消费人群，根据其心理状态采取的行动，目的是使它在目标消费人群的心中占据某种特殊的地位。酒店品牌定位的策略根植于产品和消费者的市场调研基础之上，这些调研包括酒店产品和背景文化、环境特征的分析、消费者对酒店品牌的感知和评价、市场和行业竞争中酒店品牌的特征等。一般来讲，酒店品牌定位的策略分为以下几种：

（一）根据酒店特征或特色定位

根据酒店提供的产品和服务特征、特色，对品牌形象进行定位。例如位于川藏线边上的圣天温泉度假酒店，是四川步入西藏辖区内的第一家温泉度假酒店，酒店的产品及服务特色就是温泉。整个品牌形象设计的定位，结合了酒店地理环境和温泉的服务特色，和酒店品牌名称也相得益彰，很好地体现出温泉酒店的特色和调性。

（二）根据酒店消费人群定位

根据酒店消费人群的年龄、性别、诉求进行品牌形象定位，能够精准对标酒店营销目标群体的诉求。例如位于杭州的麦尖青年艺术酒店，是结合年轻消费群体的情感诉求和经济条件而打造的平价、便捷、时尚、艺术感十足的酒店，装修虽极简朴实但不失文艺范儿，深受青年消费群体的青睐。

（三）根据酒店价格档次定位

根据酒店的价格和档次，进行酒店品牌形象设计定位，例如高档、中档、低档，不同档次和价位的酒店服务于不同消费人群；商务型酒店、经济型酒店、度假型酒店、会议型酒店、连锁型酒店、主题型酒店等，由于经营性质的不同，价格档次定位也不同。7天连锁酒店是锦江酒店（中国区）旗下经济型酒店品牌，属于中低档次的酒店定位，酒店品牌形象的定位也是偏向于便利、快捷的设计风格，受到商务旅客人群的青睐（见图1.15）。

图 1.15　7 天连锁酒店

（四）根据酒店文化寓意定位

酒店文化寓意的定位是指，将酒店独有的文化内涵寓于品牌定位之中，形成酒店在文化上的品牌差异，这样可以拉开同类型酒店之间的竞争距离，提高酒店的品位和调性。青城山六善酒店，坐落于曲径通幽的四川青城山脉入口，与同被联合国教科文组织列为世界自然文化双重遗产的都江堰景区咫尺相邻。酒店内部环境采用庭院式建筑风格，房间多使用木结构为主进行装修，整个品牌形象尊重自然与原生态的氛围交融，传递出青城山道教"上善若水、逍遥和谐"的文化寓意，让客人仿佛身临世外桃源（见图1.16）。

图 1.16　青城山六善酒店

（五）根据酒店主题内容定位

如果是新型酒店或者是转型的酒店，可以考虑嫁接具有鲜明特色的主题内容进行品牌形象定位。艾丽娅酒店是一个音乐主题的酒店。设计师在酒店内部根据音乐的相关元素例如钢琴、唱片、音符等造型，将银色、黑色作为主调，打造节奏韵律感极强的音乐主题酒店形象（见图 1.17）。

图 1.17　艾丽娅酒店主题酒店
（Evocreative 设计工作室设计）

良好的酒店品牌定位既是酒店经营成功的前提，也是设计团队切入品牌形象设计的首要赛道，一家新兴的酒店初入市场，应避免同质化的形象设计模式，通过有效地对品牌进行定位，树立住客对酒店的认同和信赖。酒店品牌定位是否正确，是酒店传播信息的坚实基础，任何传播手段和传播工具都依赖于品牌定位，它是正式实施酒店品牌形象设计的必经之路，时刻彰显出酒店的 DNA 和品牌发展的动力。

五、酒店品牌的文化

文化是中华民族的灵魂，没有高度的文化自信，没有文化的繁荣兴盛，就没有中华民族的伟大复兴。党的二十大报告强调，全面建设社会主义现代化国家，必须坚持中国特色社会主义文化发展道路，增强文化自信。这是新时代新征程中推进社会主义文化强国建设的根本遵循。酒店品牌的文化是酒店企业在经营过程中，逐渐积累的文化内涵和精神，它表达了酒店经营方的信仰以及消费者情感的归属，鲜明地展现了酒店故事及其背后的思想力量、精神力量、文化力量。酒店的品牌文化代表着酒店企业方自身的价值观和世界观，凝练了酒店的经营理念、服务特色、审美情趣、修养品位、个性态度以及情感诉求等。品牌文化可以赋予酒店深层次、多维度的文化精髓，配合有计划、有目的地利用内外部传播途径，形成消费者对酒店品牌在精神上的依赖和认可，从而创造品牌信仰，最终形成对此品牌的忠诚。酒店品牌的文化包括经营服务理念、核心价值观、道德规范、行为准则等，既能体现酒店的核心精神，也能对消费者和内部员工产生潜移默化的熏陶作用（见图1.18）。

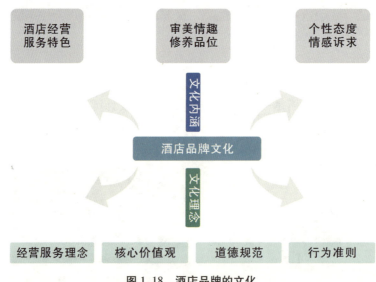

图 1.18　酒店品牌的文化

　　酒店品牌的文化一旦形成，能快速地帮助酒店品牌提高管理效能，增强品牌活力和生命力。首先，塑造酒店的品牌文化，可以提升酒店的竞争力和影响力，从而使得品牌实现长期持续发展；其次，独特的酒店品牌文化内涵，可以提高消费者对酒店的忠诚度和信任感，使消费者更加坚定不移地信赖酒店；最后，酒店企业可以嫁接品牌文化到酒店各类导向和传播载体里，对酒店的内部资源起到传播甚至引导的作用，增强酒店企业员工的凝聚力。

六、酒店品牌的信誉

　　酒店品牌的信誉是指消费者及社会公众对于酒店品牌显示出具有忠诚度的偏好和信赖。品牌信誉，核心实质来源于酒店的硬件及服务。酒店品牌在成长和发展中为了迎合消费者的需求，不停地发展、创新甚至变革，以此提高自身品牌的口碑和影响力，这种对消费者精心服务的精神境界，是与时俱进、历久弥新的金牌承诺。酒店品牌的信誉，实际看不见摸不着，却时时刻刻架起酒店与消费者之间、酒店与员工之间、酒店与社会之间的桥梁。因此，良好的酒店品牌信誉是一种隐形的软实力，酒店企业要想保证高品质的品牌信誉，除了提高自身的产品质量以外，更要重视消费者对酒店的信赖感和忠诚度，从而产生良好的品牌效应。

七、酒店品牌的价值

商业管理界公认的竞争战略之父——迈克尔·波特在其品牌竞争优势中曾提道：品牌的资产主要体现在品牌的核心价值上，或者说品牌核心价值也是品牌精髓所在，酒店的品牌价值既是酒店品牌管理各要素中最为核心的部分，也是区别于酒店行业内竞争的重要标志。"酒店品牌价值"一词的关键在于"价值"，它源于经济学上的"价值"概念，但又高于经济价值。抽象地解释酒店品牌价值，可理解为酒店的特征属性、品位档次、文化个性等隐形价值，代表着该酒店品牌为消费者带来的无形价值。世界上最成功的酒店其经济效益都是建立在品牌之上的，而并非建立在酒店产品本身。酒店品牌价值不但包含酒店地域文化和经营理念的附加值，而且需要满足消费者购买酒店产品的体验价值及情感价值。对于酒店品牌价值的评估，可从两方面入手。一是直观地了解酒店企业经营状况，评估其市场地位及规律。这种评估必须依据国家颁布的评估标准进行，可考虑委托相关专业机构来评估。二是通过酒店品牌价值的影响，评估消费者的忠诚度和追随度，以此来衡量其品牌价值的高低程度。这类评估可为行业内各类酒店提供参考（见图 1.19）。

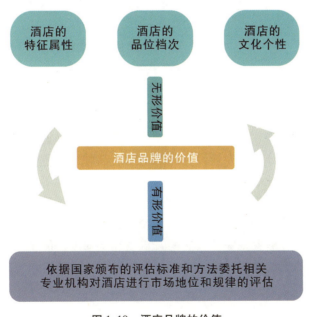

图 1.19　酒店品牌的价值

第三节　酒店品牌形象设计的功能与原则

从目前酒店市场结构来看，近几年中高端类型的酒店已经迈入快速发展的阶段。中高端酒店品牌想要在行业中独占鳌头，获得消费群体的青睐，品牌形象设计已成为一个关键性的因素。设计师在了解酒店品牌的设计诉求之后，紧扣设计的功能和形式法则，结合酒店各个环节的资源，用精准的设计水准帮助酒店企业构建企业文化、增强行业竞争力、创造集团化和国际化的经营模式，起到了举足轻重的作用。

一、酒店品牌形象设计的功能

所有的商业设计都是围绕功能性服务的，酒店的品牌形象设计也不例外。酒店品牌形象设计是酒店企业开拓市场的利器，是酒店盈利的策略方针。建立系统完善的酒店品牌形象设计，对于酒店的长期运作和良性的持续发展，具有战略性的价值，无论是对于社会公众、市场消费者还是酒店内部员工，都有重要的意义和作用。酒店品牌形象设计的功能主要包括以下几点：识别功能、管理功能、文化教育功能、传播功能等（见图 1.20）。

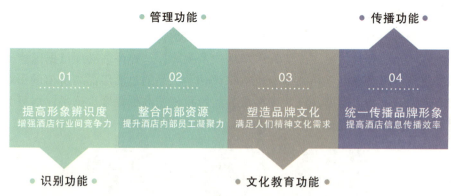

图 1.20　酒店品牌形象设计的功能

（一）识别功能

识别功能是指，提高酒店形象辨识度，增强酒店行业间竞争力。优秀的酒店品牌形象设计，在语言、图像、色彩、行为等识别方面拥有较高的辨识度，是能够与同行业酒店形象进行明显区分的。专业设计团队对酒店品牌形象进行打造，凝练出酒店自身的地域特征、历史文化、经营属性、服务理念、主题概念等，通过视觉符号包括酒店标志、店招形象、广告宣传、导视系统、包装设计等载体得以呈现。特定性较强的品牌形象设计是非同质化的，能够使酒店消费者、酒店员工、酒店行业竞争对手等群体直观地感知酒店品牌形象，提升酒店的辨识度和认知度，加剧同行业竞争差异化的同时，让消费者住店印象深刻，帮助酒店品牌扩大影响力，增强美誉度，提升品牌价值的竞争力。

（二）管理功能

管理功能是指，整合酒店内部资源，提升酒店内部员工的凝聚力。酒店品牌形象设计通过整合酒店内部资源，从企业的经营思想到服务理念，制定一套完善独立的设计体系，并运用这套体系像黏合剂一样强而有力地凝聚员工积极向上的信念。首先，是从酒店员工的生产、销售、服务等各个工作环节进行行为规范，其次，是对员工进行思想培育，最后，一丝不苟地在酒店经营理念、行为规范等环节进行落地实施。无论是酒店员工的思想层面、行为方式，还是视觉系统，都要进行严格规范的文化修正与管理，这样做的好处是，酒店上至管理层下至普通员工，自觉地将个人利益和集体利益统一起来。酒店品牌形象设计是具有思想和行为管理功能的，它不但可以赋予员工信心和勇气，调动员工工作的士气和积极性，促使酒店在股东投资、政府扶持、银行贷款等政策资金方面获取有力支持，取得人才、技术、资金、整合的便利，还能大大地促进酒店内部员工工作的动力，提升企业团队的凝聚力。

（三）文化教育功能

文化教育功能是指，塑造酒店品牌文化，满足人们的精神文化需求。随着社会物质文明和精神文明的发展，酒店的功能性早已不能满足住客的需要，酒店品牌的文化属于酒店企业的核心竞争力，差异化和个性化的品牌文化，是具有卓越远见的企业持续发展的目标。酒店的品牌文化作为外部导向，倡导正确的价值观、审美观、消费观；作为内部管理，集中反映了企业追求的精神目标，以及员工的共同价值观等。

具体来讲，对于在酒店居住的消费人群而言，酒店品牌文化的建立就是消费品位的点睛之笔，品牌文化除了能让消费者享用酒店产品带来的物质满足以外，还能拥有更为高层次的精神满足。内涵丰富的消费者无论是从自身品位还是身份地位的象征的角度，对酒店品牌背后的文化都是推崇和追随的，这就像追逐自己喜爱的品牌一样，消费者追求的是酒店品牌"文化"二字背后隐藏的个人价值观和情怀，在住店的体验过程中，消费者选择了喜爱的酒店品牌文化，就是选择了对自我文化价值内涵的认同。对于酒店员工而言，酒店的品牌文化可以促进内部员工文化素养的提高，是团队凝聚力的灵魂所在，另外，酒店品牌形象设计对于酒店员工人格魅力的培养、工作环境氛围的和谐、管理制度的人性化三个方面也有积极的作用。

（四）传播功能

传播功能是指，统一传播酒店品牌的形象，提高酒店信息传播的效率。制定完整统一的酒店品牌形象后，由管理层下发各处严格执行，是可以保证酒店信息传播的精准度和一致性的。通过品牌形象持续地导入和不断传播，酒店可以用较少的人力、物力、精力和时间，获得酒店消费者对其品牌的认可度，提升酒店的知名度、美誉度。酒店品牌形象整体统一、精准便捷的传播功能，可以让社会公众直观地了解到酒店的服务理念和经营特点，这样的传播不但效率高，而且经济成本较低。比如一套酒店品牌形象设计，可以通过一句怦然心动的广告语言、一个耐人寻味的标志、一套丰富完整的视觉设计，再运用酒店各环节载体逐步系统化、集体化的传播，最后通过品牌行为识别系统不停重复使用，给社会公众和消费者造成强烈的视觉冲击和深刻记忆。

二、酒店品牌形象设计的原则

酒店品牌形象设计是一门系统综合的专业工作，其设计方向必须考虑酒店的经营策略、服务理念、主题特点、消费群体定位等因素。在设计的过程中，酒店委托方和设计团队应该把握一些基本的设计形式法则，包括整体性、规范性、美观性、合理性、原创性、前瞻性等，这有利于我们在品牌形象设计实践过程中，规避常态化出现的瑕疵，将酒店信息及特征在设计中表达得更为准确和完善（见图1.21）。

图 1.21　酒店品牌形象设计的原则

（一）整体性

整体性也可理解为统一性，酒店品牌形象设计最显著的原则就是整体、统一的理念。我们在进行酒店品牌形象设计的时候，不能将各个环节要素进行简单的组合创造，而是在符合酒店文化理念、消费人群定位、酒店经营策略的前提下，遵循风格整体性的原则，将酒店视觉要素标准化后，再采用统一的规范准则进行设计。因此，酒店的视觉形象必须是整体统一的，保持视觉识别系统在导入过程中连贯、持续、一致，才能持续推进品牌形象的长线发展。

位于山东省青岛市的海纳百川大酒店是一家以健康、养生为主题的酒店。酒店设计独具匠心，结合国际抽象元素和东方传统元素进行图形设计，从标志的色彩、图形，再到广告的宣传推广，均保持协调融合，使得整套品牌形象设计系列感和连贯性保持得较好（见图 1.22）。

图 1.22　青岛海纳百川大酒店
（吕悦霖设计）

曼哈顿酒店致力于打造白金五星及五星酒店品牌，其品质高贵而极富文化内涵，设计调性诠释出奢华、尊崇、冷静的风格，亦在创造与众不同的环境与氛围。整体品牌形象设计的主色调分别是经典的黑色和白色，灰色作为中间色配合，相得益彰，整体设计风格统一和谐的同时，还能展现酒店品牌的高级品质（见图1.23）。

图 1.23　曼哈顿酒店

（深圳市联合创智设计顾问有限公司设计）

　　来自澳大利亚专业酒店管理公司旗下的雅阁璞缇酒店，遵循"一店一故事，住在时光里"的品牌理念，精准定位于市场高端的商务精英人士，展现出"高雅、艺术、静谧、尊享"的酒店气质。整套品牌形象设计从酒店标志、摄影图片到推广部分的色彩、文字、排版，时刻保持统一整体的细节感，运用视觉语言的协调性诠释整套品牌形象设计，让每一位顾客在时光里都能找寻到家的归属感（见图1.24）。

图 1.24　雅阁璞缇酒店

（深圳市联合创智设计顾问有限公司设计）

（二）规范性

规范性主要涉及酒店识别系统的制作标准和实施规范，这样做的好处是便于后期规范制作和实施。酒店品牌形象设计务必讲究从一而终的规范化，从酒店品牌的理念设计、行为设计到形象设计，都应该做到规范化，不能任意改变。这包括酒店发展战略规划、公共宣传及公共关系的表现，通过规范系统的设计手段，将信息有序清晰地传递到位，强化酒店的企业形象的同时，给消费者留下深刻的印象。完整有效的酒店品牌形象设计系统，应该是集酒店经验理念、文化服务、组织管理、发展战略和社会责任等于一体的全方位的战略，酒店全体员工必须严格遵守和践行，酒店决策者和实施者认真贯彻，避免朝令夕改。

位于四川青城山的坐忘森林酒店，是一家蕴含道教文化的纯度假休闲的高端酒店。设计师在整个酒店品牌形象设计过程中，注意制作标准和实施方案的规范性，使得整个设计过程井然有序，对于内部员工理念和行为方面有极强的指导作用。从封面到扉页，再到目录和内页设计，从页眉页脚的排版和标志网格制图的规范，再到说明文字和图例大小的排版设计，都达到了规范和秩序化手册的标准，值得借鉴和学习（见图1.25）。

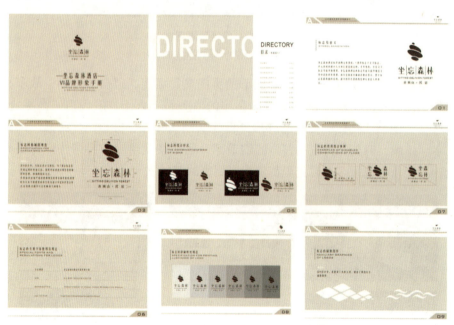

图1.25　坐忘森林酒店品牌形象设计手册规范
（李洋设计）

（三）美观性

美观性设计法则是指设计师运用其专业的审美素养，在满足酒店企业的品牌精神传递的同时，对酒店的设计内容进行视觉美化，使得酒店品牌形象设计符合大众的审美标准，吸引消费者的眼球，给他们带来美的感受。另外，酒店品牌视觉识别系统也是一项丰富的品牌包装工程。优秀的品牌形象设计应具备多种形式元素美，这能赋予品牌更多的语义和个性，只有美观、丰富的设计才能令人赏心悦目，过目不忘。考虑到遵从设计的美观性原则，设计师可考虑从人的五感去设计酒店品牌形象的色彩、文字、图形、材质、产品使用方式等，实现品牌的差异化设计，以满足消费者日趋多元化的需求。

例如 Stage12-Hotel By Benz 城市酒店是一家现代风格的酒店，它还有另一个新的身份叫作"城市舞台"，该酒店坐落于奥地利因斯布鲁克市中心的剧院里，剧院的艺术氛围，为酒店增添了不少的神秘色彩和独特魅力。整套设计从图形到色彩都独具艺术氛围，酒店用品的选材和工艺用到了木质和皮质，传达的艺术感染力让人耳目一新（见图 1.26）。

图 1.26　Stage12-Hotel By Penz 城市酒店品牌形象设计

铂涛菲诺酒店是由著名的投资公司凯雷投资集团、红杉资本及英联投资共同组建的高端酒店品牌。这家酒店致力打造高于五星级酒店水准、超级客房产品及服务的酒店品牌。酒店设计方（东道设计）致力于将酒店高贵的气质与意大利小镇风情结合，技法上采用水彩画的表现形式，整套酒店品牌形象设计凸显出浪漫主义风格，意在传达出远离繁华都市的喧嚣的世外桃源，契合追求诗和远方柔美情怀的时尚人群（见图 1.27）。

图 1.27　铂涛菲诺酒店

（东道设计）

（四）合理性

当我们进入酒店大堂或者客房入住，享受酒店服务和品质带来的入住体验的时候，仿佛置身于温馨舒适的家中。因此，设计师在对酒店品牌形象视觉识别系统进行设计的时候，应该尊重酒店独有的行业属性和特征，保留酒店以人为本、为人服务的经营理念，在提供舒适、温馨、愉悦的设计空间的同时，从根本上解决消费者的问题，满足消费者的需求，而不是随心所欲、天马行空、漫无目的地进行设计。任何离开功能性的设计都是纸上谈兵，并不是一切烦冗复杂的设计就是合理的设计，只有保障酒店品牌形象设计能合理有效地运用，在传播和实施的途中便于操作，才是合理性（可实现性）成为从"设计"到"落地"的一个重要指标。位于奥地利的连锁酒店 Grand Ferdinand 酒店（见图 1.28）和 U 城市度假酒店（见图 1.29），它们的品牌形象非常注重合理性设计，由于定位是四星级连锁快捷酒店，两家酒店均以简约、时尚、便捷的文字设计理念构建品牌形象。两套设计轻松明快、一目了然，制作方在实施设计的时候处理文字设计显得便利快捷，且成本较低，成品效果突出醒目。

图 1.28　Grand Ferdinand 酒店

图 1.29　U 城市度假酒店

（五）原创性

习近平总书记在党的二十大报告中指出："必须坚持科技是第一生产力、人才是第一资源、创新是第一动力，深入实施科教兴国战略、人才强国战略、创新驱动发展战略，开辟发展新领域新赛道，不断塑造发展新动能新优势。"国家的发展战略中，抓创新就是抓发展，谋创新就是谋未来。视觉传达设计层面的创新必须尊重原创性。原创性可以理解为唯一性、独创性，指的是设计团队独立完成的创作，这样的设计是具备创新功能的，是为酒店单独设计的，是与众不同、独一无二的，因此也称为个性化设计。由于不同的酒店受不同的地域环境、文化背景、经营理念、服务特色、主题概念等条件的影响，因此产生了不同的特征。为了展现这种独特的酒店特质，塑造酒店独有的个性和魅力，整套酒店品牌形象设计系统需要遵从原创性即个性，拒绝同质化。同时在设计的过程中需要注意的是，设计师和酒店方务必要符合《中华人民共和国广告法》《中华人民共和国知识产权法》《中华人民共和国商标法》等相关规定，通过法律程序注册得到法律保护，以免侵权或被抄袭。

海鼎山居酒店位于海南省首批省级风景名胜区百花岭。这家隐匿于百花岭深山中的新中式风格的酒店，建筑风格自然淳朴，设计团队由心铭舍品牌设计公司进行打造，图形主要以酒店建筑外观造型与色系作为创意点，同时提炼了百花岭的景观元素相融合打造品牌形象，原创性的设计获得了客户和社会的一致好评（见图 1.30）。

图 1.30　海鼎山居酒店／郭团辉
（心铭舍品牌设计）

La Valise 酒店是具有独特个性的墨西哥风格酒店，从标志设计到应用简约有力，具有构成感的抽象符号表现酒店标志，将其与其他普通的几何图形拉开差距，设计师用自己独特的视觉语言传递着酒店的艺术魅力。

（六）前瞻性

酒店品牌形象设计的前瞻性也可称为发展性，即设计的时代感。具有前瞻性策略的品牌形象，是将眼前的设计和长远的设计相结合的，是可以持续发展的策略型设计思维，这也是酒店品牌形象设计应遵循的持续性原则。特别是老牌酒店经营存在着更新换代，酒店在设计之初应该具有发展性的世界观。很多国外的酒店标志在设计之初化繁为简，恰恰顺应了时代潮流。所以新兴酒店的标志设计，在初期经过一番精心铺垫，就算后续调整，也不会太费力或者改动太大。

宜必思酒店是法国雅高酒店集团旗下的经济型酒店品牌，900 多家宜必思连锁酒店遍布世界 40 个国家和地区，该酒店在极具竞争力的价格下提供性价比高、品质优质的住宿与服务。宜必思酒店的品牌形象设计也在不断改进，包括改动后象征柔软舒适枕头的立体形态标志，以及从烦冗回归到简约的酒店广告宣传用品等，已然磨炼出具有时代感和前瞻性的设计模式（见图 1.31）。

图 1.31　宜必思经济型酒店

恭胜酒店集团旗下智慧精品酒店品牌 U-CHOICE 酒店的设计灵感源于星辰与海洋，蓝色的深邃与白色的空灵色系碰撞，创造出喧嚣都市中的一处静谧之地。由于酒店将"城市智能居"作为品牌的营销定位：酒店信息智慧化。人工智能和物联网大数据等新兴技术的引入，使其在酒店行业内脱颖而出。整套设计风格凸显纯粹、平静，简单、静谧、空灵的气质，赋予酒店前瞻性的设计理念（见图 1.32）。

图 1.32　U-CHOICE 酒店

思考与练习

1. 什么是酒店品牌形象设计?
2. 酒店品牌形象的构成要素有哪些?
3. 酒店品牌名称命名的方法具体包括什么?
4. 如何遵循酒店品牌形象设计的功能和原则?
5. 在设计当中如何提高酒店品牌形象的前瞻性?

课后实训

1. 题目:对市场上已有的酒店品牌形象做资料收集与分析

要求:鉴赏国内外优秀的酒店品牌形象,继而收集 3 个及以上优秀的酒店品牌形象设计案例,从视觉传达设计的角度,对其进行市场调研和分析,并总结设计的发展进程,以及品牌设计的成果。以 PPT 的形式进行图文并茂的展示,最后进行酒店品牌形象设计的项目汇报。

2. 题目:酒店品牌形象设计的标志收集及临摹

要求:对市场已有的优秀酒店标志进行收集及汇总,数量不得少于 10 个。建议按照标志命名类型的不同汇总和分析,并针对性地将不同类型命名的标志做矢量图形的临摹。

第二章

酒店品牌形象设计的流程

　　任何商业设计都不是一蹴而就的，酒店品牌形象设计系统是一个集技术和艺术于一体的设计工程，这不仅需要花费较长的时间，还需要专业团队协作共同完成。无论是在团队组建、交流沟通、资料搜集、分析研究等前期调研阶段，还是在设计构思、方案定稿等中前期设计开发的阶段，以及修订及管理与实施的中后期阶段，到最后的品牌形象手册呈现阶段，都需要设计人员的参与，且这四个阶段相辅相成、缺一不可。遵循以上的流程步骤执行设计策略，客观真实、合理有效，既能将相关理论与酒店实际情况相结合，避免不切实际的纸上谈兵，也能实现市场导向和行业特色相融合，从而达到知行合一的设计效果（见图2.1）。

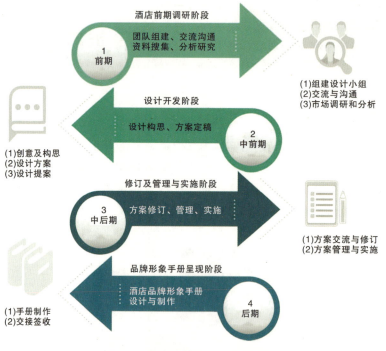

图2.1　酒店品牌形象设计的流程

第一节　酒店前期调研阶段

　　酒店前期调研阶段作为前奏，是导入酒店品牌形象设计的基础。调研的核心是通过调查的各种手段，从而发现酒店在设计方面存在的不足。对不同酒店进行调研，面临的机遇和挑战不同，设计师只有对酒店进行实态调查，带着实现设计的目的去了解酒店内、外部形象最真实的情况，针对性地寻找制约目前形象设计的短板，才能对设计的全局有更清晰的判断和抉择，将设计建造在真实可靠的酒店及相关产品之上。市场上部分酒店企业有些是新兴的酒店，还没有自己的视觉形象设计，甚至连酒店名称和标志都需要设计；还有部分酒店因为社会发展或是经营方向的变更，需要再次将原有设计进行升级和改造。综上所述的各种问题，使得酒店前期实际调研环节显得至关重要。

　　对酒店前期调研的过程，分为三个步骤。第一步是为酒店组建设计小组；第二步是与酒店方及住客交流沟通；第三步是酒店资料的搜集和分析。第一步为酒店品牌挑选并组建专业且有经验的小组，是满足"天时地利人和"战略成功要素中的"人和"条件。第二步是与酒店方及住客交流沟通，即对静态、动态信息进行多方摄取，是整个设计工作衔接部分的奠基石，若因交流沟通不到位导致信息不对称甚至设计方向南辕北辙，所有的工作将会功亏一篑。第三步是对酒店资料的搜集和分析，相当于对前期调研做最后的定调。酒店品牌形象设计不是天马行空，它需要建立在行之有效的行业和市场资料基础上进行筹谋，否则很容易南辕北辙，背离酒店品牌的内涵和精髓（见图2.2）。因此，在设计之前，严密有效的调研阶段必不可少。

图2.2　酒店前期调研阶段的三个步骤

一、组建设计小组

在酒店品牌形象设计前期的调研过程中，首要工作是成立专业的设计小组，也就是我们所说的专业设计团队。小组成员可根据工种、技能、职责、特产和经验进行分类和筛选，人数也可结合项目的大小来定。较为完整的酒店品牌形象设计小组成员构架包括设计总监人员或美术指导人员、策划人员、文案人员、插画设计人员、字体设计人员、贴图的专业图像采集（图片商业摄影）人员、设计及排版人员等。小组的主要负责人可由设计和市场经验丰富的高层担任，就是我们所说的设计总监。设计总监不但要有一定的酒店案例指导经验，熟悉酒店行业的发展情况，还要具备敏锐的市场触觉和宏观的全局把控能力，人数为 1 人或以上即可。一般来讲，小组成员里中层的设计人员可选择多个，其余人员可根据酒店的经营规模、设计的工作量、项目的经费等因素来确定数量，进行辅助工作（见图 2.3）。

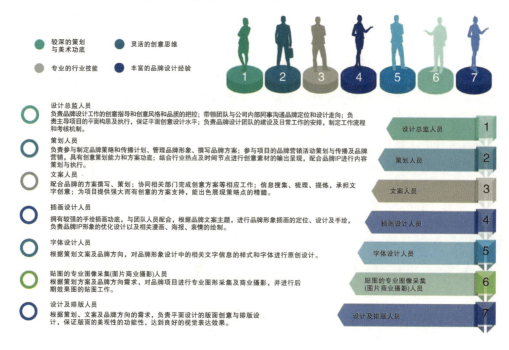

图 2.3　设计小组构架一览

二、交流与沟通

针对酒店情况组建设计小组或团队之后，接下来就是交流与沟通环节。交流沟通的对象，可称为酒店委托方、酒店甲方，这里统称为酒店客户。不同品牌的酒店品牌形象，设计小组面对的沟通对象是不同的。虽然都是酒店客户，但由于年龄层次、文化素养、艺术涵养、兴趣喜好参差不齐，分别会对设计方案的风格走向产生不同的想法。特别是大型五星级酒店中审稿的客户数量会有所增加（多个工种部门期望参与到设计的意见中来），导致在实际设计中情况复杂多变、障碍重重。在整个品牌设计过程中，会常常遇见各种问题，一般包括：无理由修改设计、客户素质问题导致抱怨、非专业意见干涉设计工作、酒店内部多部门对设计方案意见不一致等。很多酒店客户对于自己酒店将呈现怎样的品牌形象，或多或少带有主观情绪，甚至还有很多设计知识的盲区。特别是酒店客户在表达宏观且抽象的设计建议时，并没有清晰明确的指导性思路。在这样的设计困境中，缺乏有效沟通和协作经验的设计小组，往往会显得身心疲惫。可针对设计的数量、类别、功能、用途甚至是客户的审美等观点，通过科普、举例、概念图、意向图、意境图等阐述设计的策略来解决此问题。例如，酒店客户本身对设计知识一窍不通，审美也较为局限，设计师可通过向客户科普设计类相关专业知识、审美情趣、策略规划以及成功的行业内实战案例，以此增进双方的尊重与信任，更好地推进设计的顺利实施。

在交流的过程中，设计师大都对设计的形式和美感比较在意，对工作的逻辑梳理不够重视。设计小组在确定设计项目的数量、类别、风格、要求之后，应仔细核定客户提供的具体内容明细表、文字信息稿、工作时间安排表等，以便有条不紊地进行设计。在互联网蓬勃发展的智能时代，除了面对面的会议交流和电话沟通，设计小组也可通过电子邮件、微信群、QQ 群、腾讯会议、钉钉等工作软件进行方案商讨和文件传输，以保证信息的即时和准确。在这个过程中，沟通达成的共识结果，一定要注意收集、整理、存储，再以具体文件的形式传递给小组各个成员，保证每个成员清楚文件内容的细则后再继续工作，甚至沟通后要有聊天记录或收发文件的记载，以便接收和反馈的信息是精准有效的（见图 2.4）。

图 2.4　交流与沟通的常用方式

酒店品牌形象设计包括基础系统和应用系统，其媒介载体和设计风格是根植于酒店企业文化和经营理念的，对品牌发展有着深刻的影响。因此，设计小组与酒店客户进行有效的沟通与交流，将品牌形象设计相关知识向客户普及，有助于客户了解设计工作的内涵精神，而不是徒有其表的模板化、套路化设计。

三、市场调研和分析

酒店品牌形象设计绝不能凭空创造，所有的创意和灵感都应该找得到出处和来源，否则就是纸上谈兵、华而不实。在市场调研和分析这个阶段，整个步骤包括从市场调查，到资料搜集、整理，再到最后的研究、分析均缺一不可。设计小组的工作态度是否严谨和成熟，首先审度的是市场调查的深度和维度是否科学合理。

市场调查又称作市场研究、市场调研，是市场营销学、传播学、广告学、统计学等学科的科目，简称"市调"。一般来讲，市场调查这个步骤的常用方法有五种（见图2.5）。

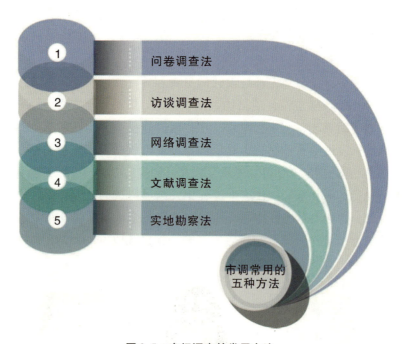

图 2.5　市场调查的常用方法

（一）问卷调查法

问卷调查法是指通过设计调查问卷，让被调查者填写调查表，以此获得所需要的信息。过去采用邮件问卷和纸张问卷的方式较多，目前市场上大都采用网络问卷的方式进行调查，普及性和便利性更强。

（二）访谈调查法

访谈调查法简称访谈法，是针对企业内部的员工和企业经营者、目标客户群等进行访谈调查。访谈法"最大"的优点是遇到比较复杂问题的时候，需要向不同类型的人群了解不同类型的资料，它的优势是针对性较强，但相对其他方法来讲更耗时且成本相对略高。

（三）网络调查法

网络调查法是指利用互联网工具来搜集有关统计资料的一种方法。这种方法的优点是便利、快捷、效率高、成本低；缺点则是调查范围会受到一定的限制。

（四）文献调查法

文献调查法是指通过寻找相关文献搜集有关市场信息，是一种间接的非介入式的市场调查方法。这样做的好处是理论知识真实可靠，且调查成本较低；缺点则是针对性和精准性不太高。

（五）实地勘察法

调研者亲自到选取的地方，对实地的人群、环境进行抽样调查、资料搜集、实地拍照、图片提取，以此获得相关的真实数据和信息。实地勘察法的优点是搜集的资料较为准确无误、丰富多样，在酒店品牌形象设计中这个方法较为普遍。

酒店品牌形象设计的市场调研与分析流程，大致包含以下几个步骤：①市调计划的撰写，列出需达到的目标或计划。②调研问卷设计及实施，可采取抽样的方式确定调查样本，并通过市场调查的方法完成事先设计的调查项目，最后由统计分析得出调查结果。③调研问卷的收集、整理、数据分析。针对调查对象进行图片和文字资料的采集、整理，最后进行综合性的数据分析。④撰写调研报告。调研报告的核心是实事求是地反映和分析客观事实，书写格式分为标题、导语、正文、结语四个板块。报告的核心内容即正文部分，以调研报告的形式呈现调研结果以及对未来的设想（见图 2.6）。

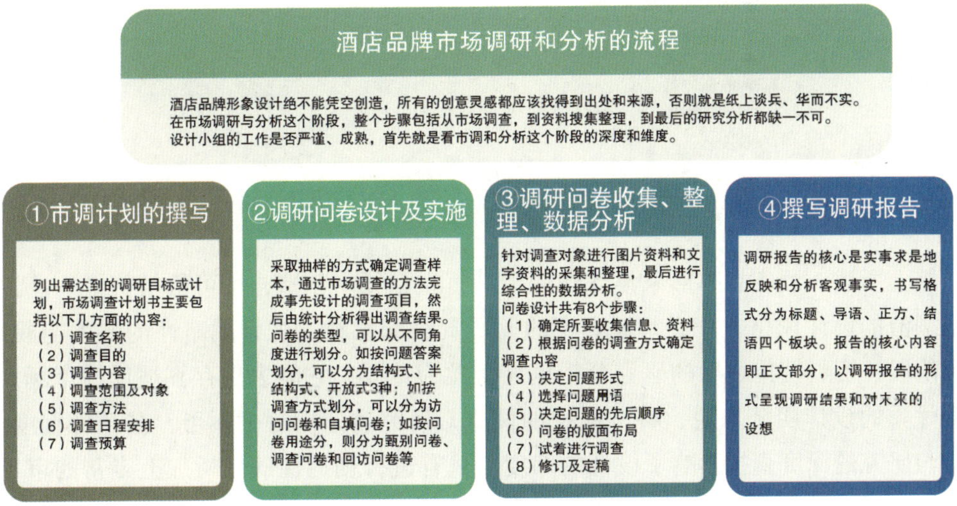

图 2.6　酒店品牌市场调研和分析的流程

由于酒店有内部、外部环境之分，调查的基本范围可围绕酒店内外部环境进行区分。前期调研阶段，可以先了解酒店内部的装修环境、企业理念、经营状况、服务范围、战略方针和品牌形象传播等方面的具体情况。接下来再调研酒店的外部环境，例如酒店建筑外观造型、酒店户外的基本形象、酒店所处的地域环境、酒店同行业内竞争对手的形象、消费人群定位以及酒店背景、历史和文化、酒店的知名度和美誉度等（见图 2.7）。

在调研过程中需要特别注意，针对酒店的消费者和潜在客户，包括酒店服务人员、管理层人员等也需要进行客观、深入的调查，不能随意做个调研就得出结论。设计人员可直接观察酒店内外部环境情况，将自己作为住客去亲身体验酒店的客房环境、大厅陈列、餐厅氛围，以真实掌握市场消费者的诉求，并对住客的反馈做出记录获得一手资料，以便设计信息与市场资料对标。调查分析是一个严谨烦冗的过程，除了了解酒店现阶段经营的理念和未来发展方向以外，还要从酒店的文化理念、经营方针和服务策略出发，寻找设计的特色和创意。设计师在这一阶段应尽可能地多收集与酒店有关的背景资料，包括国内外优秀设计案例，并将整合好的信息进行综合、比较、归纳和整理，为后期品牌形象设计的创意和表达提供充分合理的依据。只有通过精密的调研与分析，设计才能找到正确的方向，进而挖掘出具有酒店特色的视觉语言，传递出符合酒店独特的精神内涵。

图 2.7 酒店品牌形象市场调查的范围

综上所述，酒店品牌形象设计切忌天马行空、凭空创造，不可敷衍打造一些追赶市场潮流的设计风格，务必掌握真实的调研资料和素材，进行战略性的部署与规划。后续阶段，资料搜集之后的研究分析也显得尤为重要，它能去伪存真地反馈市场。对一个优秀的设计团队来说，科学系统的调查、研究、分析缺一不可，在某种程度上，调查与研究的深度直接影响了设计的纬度。只有进行创造性的分析加上丰富的市场经验，才能设计出优秀的酒店品牌形象作品。

第二节 设计开发阶段

设计小组在对酒店品牌进行调研之后，已为设计蓝图奠定了充分的基础。酒店品牌形象需要将酒店的文化理念、服务范围、地域属性、主题内容等特征，通过创意的设计语言转换给消费者，在设计开发阶段可分为以下几个步骤（见图 2.8）。首先，进行酒店品牌形象设计的创意与构思。包括设计小组对于设计风格定位的内部讨论、小组与客户之间的讨论、酒店标志草图绘制和定稿设计等过程。其次，设计方案及评审。对设计小组完成的品牌形象设计中基础部分进行评价和定稿，这样才能有效铺开延展做应用部分的设计。最后，设计提案。经过设计小组多次 PPT 提案会议，与酒店委托方商讨并确定最终方案。

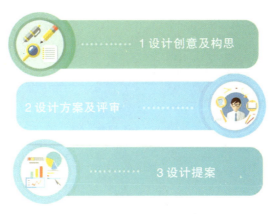

图 2.8　设计开发阶段的步骤

一、创意与构思

　　我们在设计之前，先进行酒店品牌形象设计的创意与构思。其首要步骤是对设计风格进行定位。酒店在同行业市场的准确定位，能够有效帮助酒店找到品牌形象设计的定位。在定位过程中设计小组需要依靠一些因素来制定准则，例如酒店的文化历史、酒店的地域环境、酒店的服务特色、酒店的经营理念和战略目标等等方面，以此提炼酒店设计风格的方向。在这个过程中，由于客户群素养和审美的不确定性，小组可以多方向发散设计风格，例如设计三个及以上的风格方向，然后针对一到两个亮点进行深入设计。设计风格定位这个步骤是比较烧脑的，意见和冲突也会比较多，若能克服这个障碍，后期的设计将会更加得心应手。

　　关于设计风格，采用一些方法可以事半功倍，比如美国 BBDO 广告公司奥斯本首创的头脑风暴法。头脑风暴法指的是让小组成员进行无限制的自由联想和讨论，其目的在于产生新观念、新思想，以此激发新的创意思维。初期成员可结合酒店前期调研的相关资料，例如酒店文化、历史背景、地域环境、服务特色、经营理念等因素，提炼数个"关键词"即"中心词"（具象词或抽象词均可）。再选取一个关键词汇为中心，通过头脑风暴的特殊组合手段（包括将不同方面的概念或对象结合），进行多词语、多图形等元素的发散。根据这些发散出来的词语、图形寓意和属性，继而提炼出设计的风格、设计的主题内容等具象的草图创意。由此可见，通过头脑风暴的拓展思维进行联想和延展，可以产生出多种带有超越性和预测性的方案，这样做的好处是，酒店品牌形象的风格能获得优秀的创意和想象力（见图 2.9）。

　　无论什么类型的设计工作，草图分析都是不可缺少的环节之一，市场上某些设计方案已经做得比较成熟却被委托方否定，很有可能是疏漏了草图分析这个步骤。草图分析是在正式呈现设计方案之前的预热，可以成为客户在心理层面对设计接受度的铺垫，它是草图来源和成因的说明，以及专业知识的科普。草图方案中使用的表现形式，可以是包含图形文字的故事，这就是我们俗称的意向图（也称概念图）。意向图可以帮助甚至引导客户理解方案，不管是具体的场景、事物、风景、人物，还是抽象的风格图片，可通过远近、虚实、浓淡等对比手法进行呈现。因此，设计人员若能梳理好草图分析的脉络，便可具备精准无误的设计角度和创造性思维，以及全盘统筹设计方案的能力，最终与客户达成共识。

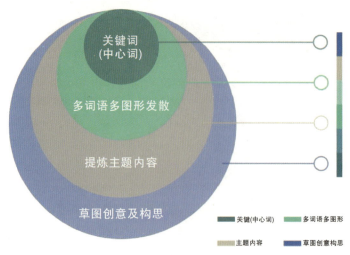

图 2.9　头脑风暴法思维导图

二、设计方案及评审

　　酒店品牌形象方案的设计阶段，是将酒店委托方传递的非视觉信息，转化为具体的视觉设计方案。在这个阶段里，也是有先后顺序的。首先是在确定酒店名称的基础之上，根据调研、分析、构思勾画草图，一般酒店品牌形象设计的草图是从标志设计开始的。标志草图须经委托方确定之后，再铺开去做基础部分和应用部分的延展设计（见图2.10）。

图 2.10　设计方案步骤

（一）酒店品牌标志设计

标志是酒店品牌形象设计正式实施设计方案的第一步，既是整个设计的指导和核心，也是设计过程的重点和难点。小组成员在推出标志设计的大量草图之后，先内部筛选部分具备亮点的草图方案，与委托方进行反复沟通，再与小组成员进行反复商榷，最终确定酒店标志的定稿方案。关于标志设计的形式法则、方法手段、功能作用有一套独有的体系，在后面的章节会具体讲解。

（二）酒店品牌基础部分设计

在酒店品牌形象设计方案中，基础部分的设计更像一个中间媒介，起到了承上启下的作用。基础部分的设计包含酒店标志、酒店标准字、酒店标准色、酒店辅助图形、酒店标志应用规范等。除酒店标志以外，最难提炼的是酒店的辅助图形，也是我们俗称的主视觉形象设计。如果说标志是整个酒店品牌设计的精华，辅助图形就是点睛之笔。基础部分如果设计得成功，将为后面的应用部分的实施打下良好的基础。

（三）酒店品牌应用部分设计

酒店品牌形象设计方案中的应用部分，是将基础部分的设计，包括酒店标志、酒店辅助图形、应用规范的法则等，实施在酒店内外各个载体上的视觉呈现。类型主要包括酒店办公用品设计、酒店广告媒介宣传设计、酒店洗漱类用品设计、酒店公共关系赠品设计、酒店前台用品类设计、酒店服装配饰设计、酒店导视系统及展示设计等。酒店品牌形象的整体格调和气质、应用设计的方案效果都将在这个部分得到充分的呈现。在这一阶段里设计小组要注意的是，需要将酒店经营理念、酒店价值观、酒店服务范围属性等抽象的语义，通过静态的、具体的和视觉的设计元素，结合视觉表现的手法，有条不紊地展示出来。除了遵循统一性和美观性功能，特别是在应用载体的选择方面，应根据酒店方的需求、成本等因素进行设计，切勿利用素材模板等套路进行不切实际的设计。

三、设计提案

设计方案在小组内部定稿以后，需要将整体设计方案呈现给客户，即向客户提案，通过会议提案的形式达到设计被客户敲定的目的。提案的形式很多，以PPT形式呈现较为普遍。PPT内容包括酒店的相关介绍（酒店背景、历史文化、地域属性、经营范围、服务特色等）、设计的调研（相关调研数据和分析总结）、设计的创意及构思（草图来源及分析、创意及风格构思）、设计的方案（标志设计、基础部分和应用部分设计）等（见图2.11）。

另外，向客户提案的PPT要注意以下一些细节：首先，文案内容思路清晰、布局合情合理、文字内容富有创意。其次，页面的排版、字号、色彩明暗、图片选择等要达到版面精美、层次合理的要求，特别要考虑客户在阅读时的辨识度和清晰感。最后，在PPT的陈述上，也是非常讲究的。曹琦、李晓斌在《设计并不重要》一书里，反思和强调设计是商业市场链条中的一部分，而售卖设计的仪式感也是同等重要的。在很多时候，我们需要通过文字语言、策略手段售卖设计，所以提案人员的现场语言表达也是关键。在详尽阐述PPT内容的基础上强调语气和重点，注意文案的起承转合，做到结构清晰、主次分明。

图 2.11　PPT 制作内容一览

　　例如，平乐古镇的主题酒店提案。采用 PPT 方式进行呈现，从封面到内页，通过文字和色彩，十分有利于与酒店客户进行交流。PPT 提案中还有一点值得注意，就是模拟效果图。很多酒店的品牌形象设计，由于处于未打样或成品未制作阶段，无法花费大规模的成本实现效果，所以在 PPT 表达设计方案的时候，可以考虑借助一些特定的素材进行效果图的模拟，素材可以通过各类网站购买高精度空白贴图素材，素材选择性较多、种类丰富，也可以由小组成员里的摄影师进行相关商业拍摄，再进行效果贴图。这样制作的 PPT，虽然前期提案期间并没有打样生产成品，但由于采用了很多贴图效果，画面会更加真实、生动、可靠，诚信度高，在酒店客户反馈中获得好评。

第三节　修订及管理与实施阶段

　　设计方案开发阶段之后，设计小组需要对方案进行修订及管理。

一、方案交流与修订

　　在设计小组对酒店设计方案提案结束之后，酒店委托方通常会有一系列的意见和建议。在对方提出问题的过程中，设计总监应先和酒店方负责人解释设计方案的细节内容，并共同商讨解决症结的办法。设计小组可委派一名成员全程负责记录双方的意见、文案的调整、图片的更替、设计的细节修订等问题，并将记录文本。这个环节务必引起重视，因为设计师专注于设计方案调整的时候，往往无暇顾及一些细枝末节的文案修改、符号修改、图形修改等琐碎事宜。最后，经过小组成员内部讨论达成一致修改策略后，再将修改后的设计方案汇总给酒店方确定最终设计稿。如此的操作有可能会持续好几个回合，但只要不是酒店方对设计风格方向提出较大的变更，对于一些图片或文字的细节处理，团队小组都是可以顺利完成的。

二、方案管理与实施

　　设计方案最终稿确定之后，设计小组的工作并没有就此结束，需要对设计方案进行管理和实施。方案实施阶段的成功与否，决定了设计是否从二维的平面落地到市场本身，酒店品牌形象是否具备辨识度、认可度，这些都会对酒店品牌和经济效益产生直接影响。在方案实施管理阶段，设计小组可委派工作人员进行设计成品的跟踪与管理，例如与设计制作方沟通、见面，商榷设计成品的大小和色泽、材料和工艺等制作细节，以确保方案实施的可行性和准确性。除此之外，还可在酒店企业举办的各类媒介、公共活动、招商活动、展销活动等重大场合中，提供相关设计的专业意见，以便确保酒店品牌形象设计的正确实施。最后，设计师可协助、指导酒店内部员工在使用品牌形象时规范操作，以此增加酒店品牌对企业员工的约束力。

第四节 酒店品牌形象手册呈现阶段

在酒店品牌形象设计方案落地实施以后，设计小组的工作还剩最后一道交接工序，就是制作酒店品牌形象手册。手册是有效传达酒店品牌形象设计的保障，根据手册的指引，酒店管理层及员工进行积极配合与协作，对于酒店品牌管理的质量，起到了决定性作用。关于手册设计与制作的具体细则，将在第五章做详尽阐述。

一、手册制作

在酒店品牌形象设计最终稿实施之后，设计小组会将设计的基础部分、应用部分进行打印装册（关于手册的具体内容、编排方式、印刷及装订工艺等知识，将在第五章做具体讲解），手册制作的效果应保证页面顺序无误、图片文字清晰、材料工艺持久等，以便各个部门的员工查阅。

二、交接签收

手册的交接与签收是整个设计工作的收尾。一方面，设计小组将已装订好的酒店品牌形象设计手册纸质版本成品，交由酒店相关部门管理者签收，管理者会将手册复制后，发放给各个部门的执行者，以确保各个部门对品牌形象做有效管理和监督。另一方面，与纸质手册配套的电子版本，需存储为可修改的电子文档（AI/CDR/PM/PS）和易于打开的电子文档（JPG/PDF）两种格式，分别以 U 盘或光盘的形式存储，再交由酒店管理部门进行存档保管。

酒店品牌形象设计的流程需要设计团队和酒店委托方共同完成。酒店前期调研阶段作为设计的引玉之砖，一方面挖掘出酒店客户的设计需求，另一方面也让设计师搞清楚设计目的及思路，只有这样的设计作品才是有的放矢。设计团队孜孜不倦地从构思到设计草图、初稿、定稿到最终稿的不断试炼，验证了团队的协作能力及专业操守。酒店管理层和各部门的执行者在签收设计手册之后，严格贯彻酒店品牌的经营理念、企业文化、内核精髓去实施，也是对酒店内部团队执行能力的考验。总而言之，酒店品牌形象设计的整个流程，显示出了设计团队的专业素养，以及酒店企业员工的协作精神。

思考与练习

1. 酒店品牌形象设计的流程包括哪些?
2. 酒店品牌形象市场调研的方法有哪些?
3. 思考头脑风暴在酒店品牌形象设计中的优势。
4. 在酒店品牌形象设计的修订和实施阶段,有哪些细节是需要特别注意的?

课后实训

题目:主题酒店(民宿、客栈)的前期调研

要求:选择一家市场上实际存在的酒店项目作为实训案例(选择主题类型的酒店、民宿、客栈),并按照酒店品牌形象设计的流程,做前期的调研工作。具体方式:组织3~5位同学作为该酒店组建设计小组成员,与酒店方及住客积极沟通,以小组的形式为酒店设计做相关图片、文字资料的搜集、整理、分析工作,为后续的酒店品牌形象设计开发阶段做准备。

第三章

酒店品牌形象设计基础系统

纵观来看，酒店品牌形象设计的核心设计是基础系统，它既是真正实施设计计划的第一步，也是整个酒店品牌形象设计系统的基石。本章重点讲解构成酒店品牌基础系统的内容，主要包括酒店标志设计、酒店标准字设计、酒店标准色与辅助色设计、酒店辅助图形设计、酒店元素组合规范等。而在以上内容中，酒店标志设计既是基础系统中的重点，也是难点，并且它和酒店辅助图形、标准色辅助色的关系也密不可分。因此，本章将通过对酒店品牌形象设计的实战案例剖析与分享，结合设计学科中常用的手段和形式法则，加强对酒店品牌基础系统知识的理解和掌握，为后续应用系统的设计做好铺垫（见图3.1）。

图 3.1　酒店品牌形象设计基础系统内容

第一节　酒店标志设计

　　酒店标志设计的英文名为 Hotel Logo Design，其中核心词汇"Logos"起源于希腊，原意指的是文字。酒店标志是酒店品牌形象和灵魂的特征记号，它包含着品牌里某种特定事物的内容，往往以简洁、精准、易识别的图形或文字符号来进行创意设计，以此体现酒店的档次、品质和精神内涵，是影响酒店品牌不可缺少的无形资产。酒店标志不但以视觉化的语言展示酒店所经营的内容、规模、服务以及产品特征，而且传承着酒店的使命与荣誉感。在酒店品牌形象设计的各个要素中，酒店标志出现频率最高，使用范围最广，印象最为深刻，是整个品牌形象设计命脉的根基，酒店标志用它独特的图形符号和文字语言，跨越国界地传递酒店品牌的理念、文化和精神。

　　酒店标志在整个酒店视觉识别系统中，属于核心层面的设计，穿针引线地贯穿品牌形象设计的始终，设计小组会花费大量时间和心思进行构思、讨论、绘制。在进行标志方案绘制的时候，设计师除了需要熟练掌握设计的功能作用、形式法则、设计步骤以外，还应具备言简意赅的视觉语言素养和丰富艺术的表现手法，以及国际化视野和格局，方能创造出具有强烈视效与艺术魅力并存的酒店标志。

一、酒店标志的功能作用

　　酒店标志作为承载酒店品牌信息的载体，在各种应用场合中具备丰富多样的功能，最主要的功能作用包括识别功能、传播功能、装饰功能。设计师赋予作品时需要考虑到上述的功能进行设计，才能真正达到酒店标志设计的目的（见图 3.2）。

图 3.2　酒店标志的功能作用

（一）酒店标志的识别功能

酒店标志形式繁多，大都以其形态各异、特色鲜明的造型和色彩特征，展示出酒店内外部各事物的内涵和寓意。它既是区分自身酒店品牌的身份证明，又时刻体现出酒店行业竞争之间的差异。因此，酒店标志须具备可识别、易识别的识别功能。只有当标志在设计风格上别具一格，才能强化出与其他标志的差异化和区别性，使其识别功能更强。图3.3为国外优秀酒店标志设计汇总，这些酒店标志采用不同的造型、创意、手段来区分自家酒店的名称和特色，我们可以仅凭标志图形的外观造型就能区分和识别出酒店的气质与品位，创造出不拘一格的视觉效果和审美体验。

图3.3 具有识别功能的国外酒店标志

（二）酒店标志的传播功能

酒店标志的传播功能是标志所有功能中最为重要的功能，它以其符号化、凝练化、归纳化的特征，搭建起酒店品牌与消费者沟通的桥梁，传播酒店品牌的经营理念、服务特色、企业文化、地域属性等信息。酒店通过标志这一特殊的传播者在酒店各媒介、各途径间的应用，不仅可以让酒店的产品精准、便捷地传递到消费者手里，还能提高酒店品牌的附加值，这包括酒店产品价值、品牌的信誉度、知名度和美誉度。此外，酒店标志对酒店品牌信息进行传播的同时，还能让消费者对品牌产生信任感和亲近感。

商务经济型酒店又称为有限服务酒店，其显著特点是服务标准、环境舒适、硬件上乘、性价比高。图3.4是国内知名的商务型连锁酒店合集，很好地展示出了酒店标志的传播功能。假日酒店标志图形"H"来源于英文"Holiday"，且与酒店建筑外观相似；7天连锁酒店的标志图形"7"来源于品牌名称"7天"的数字；希尔顿欢朋酒店的标志图形来源于欢朋的英译"Hampton"；如家连锁酒店利用中文文字"如家"配合英译文字直接表现。由于商务型酒店的经营性质和定位，这些酒店的标志单刀直入地传递出企业主需要表达的信息，说明设计师将标志的传播功能放在了首位。这些简约、直接的标志运用于各个载体时，轻松地连接了酒店品牌与消费者，不但可以避免读者对烦冗抽象的图形反复解读，而且促进了便捷快速的沟通和交流。在国际化的今天，快速增长的旅游经济，触发了酒店品牌之间越来越多的相互沟通、学习和借鉴，以酒店标志为代表的品牌交流活动愈来愈丰富多彩，重视标志的传播性，将会为酒店产品流通、酒店企业间的合作带来更多便利。

图 3.4　商务经济型酒店的传播功能

（三）酒店标志的装饰功能

酒店标志经过设计师精心设计之后，呈现出生动美观、丰富多元的形态，将它们运用到酒店各个媒介中能起到画龙点睛的装饰作用，即装饰和美化酒店的品牌形象，这就是酒店标志的装饰功能。图 3.5 是国外具有装饰功能的酒店标志设计，标志的图形设计不但具有形式美感，且创意新颖独特、时尚元素丰富、艺术魅力极强，深深地吸引了消费者的注意力。这些标志不但在一定程度上能帮助酒店提高客人的入住率，同时也能提升酒店的品位与社会认同感。

图 3.5　具有装饰功能的国外酒店标志

二、酒店标志设计的原则

在进行酒店标志设计的时候，须遵循标志设计的形式法则，这包括独特性、视效性、丰富性、适用性、时代性等，便于我们设计出科学、合理、实用的标志（见图3.6）。

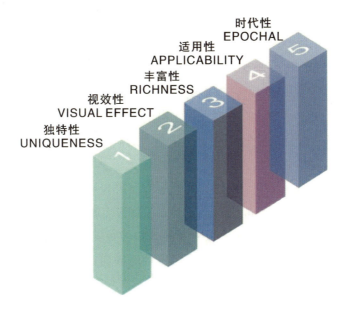

图3.6　酒店标志设计的原则

（一）独特性

独特性是酒店标志设计的首要原则。标志为了体现各自品牌独有的特征，将酒店的文化理念、服务范围、地域属性等特点浓缩在标志的视觉符号里，创造出与众不同的视觉体验，给消费者留下深刻的印象，这就是标志设计的独特性。标志设计的独特性不但可以将自家酒店区别于市场上同类型酒店，避免重复和雷同，在保证商标注册的原创和独一无二的同时，还能赋予酒店焕然一新的活力和生命力。

（二）视效性

酒店标志的视效性指的是标志产生的视觉效果。设计师在标志的造型和用色上，赋予强烈的对比和反差，这样具有较强视觉冲击力的标志才能更吸引消费者。这些视效强烈的标志，在加深人们记忆的同时，还能够提升酒店品牌的影响力和公信度。在酒店公共空间的应用中，酒店标志注重对比、强调视觉形象的鲜明与生动，对于公共空间的导视流程起到了引导作用；而在酒店客房内部的广告宣传中，特别是酒店洗漱用品的包装上，还可起到强调酒店品牌效应的作用。

（三）丰富性

由于酒店的档次、类型繁多，酒店标志在创意来源、表现手法、设计风格上各有千秋，形式内容丰富多元，这就是标志设计的丰富性。单从标志设计图形来源划分，包括了具象图形和抽象图形的设计来源；从标志组合的形式来讲，可分为以图形为主的标志、以文字为主的标志、以文字的字母或笔画嵌入图形的标志；从设计的风格上，可根据酒店的属性和特质，归纳为时尚现代、中式复古、轻松活泼、青春活力、大气沉稳、清新婉约、朴实庄重、热情温暖等不同的风格。丰富多元的标志时刻散发出酒店独有的气质和内涵，令人浮想联翩。

（四）适用性

实践发展永无止境，推进马克思主义中国化时代化也永无止境。酒店标志设计不能天马行空、不切实际，一个成功的酒店标志是可以适用于酒店的各个环境、场所、领域、媒介、材料等范围当中的，是能经得住实践检验的，因此标志是否具备适用性就显得至关重要。从平面设计的角度来讲，由于标志在后期应用系统中出现的频率较高，设计师在前期进行标志设计的时候，需多考虑标志对于辅助图形演变是否好用、标志在应用系统里各个载体间搭配是否适用等因素。从材料和工艺实施的范围来讲，要考虑标志若在纸质印刷品中呈现时，其视效方面需与周边载体毫无违和感；当运用在交通工具、办公用品、产品包装、员工服饰等制作实施的环节时，需考虑标志的使用是否方便耐用、经济美观，尽量避免制作困难以及短期老化等情况出现。综上所述，过于复杂或是具象化的酒店标志，在落地实施的时候通用性不佳，而简洁化、符号化的酒店标志往往适用性更好。

（五）时代性

在理论创新的伟大实践中，习近平总书记坚持和运用辩证唯物主义和历史唯物主义，深刻汲取中华优秀传统文化的思想精华和道德精髓，根据时代发展和实践变化，形成了习近平新时代中国特色社会主义思想的立场观点方法，构建了当代中国马克思主义、二十一世纪马克思主义的科学世界观和方法论。优秀的酒店标志是经得起市场的推敲和锤炼的，是能顺应时代、行业、市场等外部环境持续变化和发展的。因此，我们在设计酒店标志的时候，要考虑标志与时俱进的时代性。随着数字媒体、人工智能、互联网科技的介入，人们的生活方式逐渐改变，流行时尚的趋势一直在不停地重复和更迭，这就要求酒店标志必然要推陈出新，去适应时代潮流。陈旧的标志需要不断修改、调整甚至提升，包括从具象到抽象、由烦冗到简洁、从平面到立体，对标志进行语意符号化、立体化、现代化、国际化的提炼，需要注入新鲜血液的设计思维，才能让酒店品牌充满活力、日臻完善。

三、酒店标志设计的步骤

酒店品牌形象设计基础系统的第一个环节就是标志部分，前面章节掌握了关于设计标志的功能和原则，下面通过详解酒店标志设计的步骤，包括标志的取材与构思、标志的草图与修改、标志定稿、标志释义、标志的标准制图、标志墨稿与反白稿、标志特定色彩等，具体掌握酒店标志设计的内容和方法。

（一）标志的取材与构思

在进行标志设计的绘制之前，设计师应该明确酒店标志设计的取材来源，选择有效精准的题材元素对标志图形和文字造型进行构思。这里简要归纳几点思路，可作为标志取材构思的来源创意：酒店名称、酒店品牌的寓意、酒店内部或外观造型、酒店的特征和属性、酒店的主题内容、酒店的经营范围、酒店的服务理念等。构思的角度可以考虑图形类标志、文字类标志、综合组合标志等类别。图形类标志来源于具象图形和抽象图形，包括自然界景物和人造物两种；文字类标志可选择品牌拼音、中文、数字、英文等作为标志形式；综合组合标志是指将文字和图形结合来设计，特别是当文字嵌入图形时，图形往往以画龙点睛的符号或图标形式出现。一般设计师给客户提供标志方案，都会从以上取材构思的范围和种类中进行多方面尝试，设计团队也可考虑提供多套设计方案，避免单一方案在风格和形式上雷同。

例如闻名全球的四季酒店。四季酒店作为国际性奢华酒店，已在全球近40个国家拥有超过90家酒店。其标志的取材与构思来源于酒店文化：让酒店住客一年四季领略酒店的年轻、蓬勃、奢华、朝气，尽享酒店与时俱进的精神和勇于创新的服务理念。标志图形构思源于从茂密的参天大树到化繁为简的四季大树，最后成型阶段是将一年四季大树变化的概念凝练成精简、美丽的视觉语言。设计定位高端、精致，无时无刻不体现出酒店在四季与客人相伴，共同领略寰宇万千的品牌精神（见图3.7）。

四季的参天大树 ⟶ 简化后的四季大树 ⟶ 简化为一棵大树 ⟶ 将四季大树概念提炼成标志

图3.7　四季酒店标志的取材与构思

（二）标志的草图与修改

酒店的标志定稿，绝对不是一蹴而就的，很多优秀的酒店标志之所以历久弥新，是经历了多次方案的讨论、协调、商榷后实现的成果。在设计过程中，酒店方各个部门参与意见的人员较多，部门之间对标志的需求不同，工作人员的审美修养参差不齐，会引致标志草图修改、调整、完善的过程较为漫长，这对于设计师团队来讲既是机遇也是挑战。图3.8是位于四川省平乐古镇的其乐坊精品客栈的标志草图演化及效果图模拟。平乐古镇自古被誉为"茶马古道第一镇、南丝绸之路的第一驿站"，设计师以南丝绸之路中重要的畅销物品——"蜀锦"作为酒店标志设计的创意来源，将"乐"字作为设计的主体，融会贯通蜀锦的织法和风格，以多种表现形式探索设计的方向和走势，分别设计了多种的标志草案供客户选择。

其乐坊精品客栈标志草案一

其乐坊精品客栈标志草案二

其乐坊精品客栈标志草案三

图 3.8　其乐坊精品客栈标志草图演化及效果图模拟

（笔者设计）

（三）标志定稿

　　实现酒店标志方案的定稿，是整个标志设计环节中最为劳心费力的部分。在与酒店执行者们进行不断讨论和商榷以后，设计小组得到统一认可的方案草图，此时需对草图进行细化、修边、装饰、删减、润色，甚至模拟一些应用部分的效果贴图，以便对真实效果进行预估和验证。这个阶段需要设计师具备丰富专业的设计经验、良好的沟通和谈判能力、敏锐的行业市场触觉、别具匠心的创新精神等，这些因素共同决定了标志最终能否成功。

　　图 3.9 为其乐坊精品客栈的多个标志设计精修方案，在与酒店方反复沟通之后，双方进行层层筛选，进入二期的草图演变过程。在这个过程中，设计师加入各种效果

贴图为客户做效果图模拟，以展现延展部分的真实效果，这个过程作为设计团队来讲，是一个耗时且具备专业挑战的阶段。在第三阶段同酒店方商榷之后，才确定标志设计的定稿方案。从最初的标志思路雏形，演化到最后成熟完整的标志定稿，标志图形和文字逐步形态完整、特征明显，设计风格也达到预期的效果。

图3.9　其乐坊精品客栈标志设计精修方案

（笔者设计）

（四）标志释义

　　酒店的标志定稿以后，需要用简拢明要的文字来阐述标志的寓意和内涵，让使用者清晰地理解酒店品牌的含义，这就是俗称的标志释义。标志释义可考虑从酒店及其品牌的文化理念、灵感创意、色彩造型、愿景寓意等方面去解释，让酒店企业方"开其意达其词"，从而更好地推进设计方案的开展。

　　图3.10是位于四川省平乐古镇里其乐坊精品客栈的标志释义。标志创意从该客栈定义的主题文化"蜀锦文化"出发，进行标志理念的介入。标志主体图形以字体设计的方式构成，结合客栈主题词"乐"。快乐的"乐"谐音平乐古镇的"乐"字，将蜀锦中的元素进行图案化后，装饰"乐"字，一语双关地诠释出蜀锦文化的内涵和审美情趣。标志释义用文字的方式言简意赅地阐述了标志设计的思路、来源、创意、寓意、象征等含义。

其乐坊精品客栈
品 牌 形 象 设 计

▌标志释义

标志创意源于客栈定义的主题文化"蜀锦文化",以此进行标志理念
的介入。标志主体图形结合客栈主题词"乐"以字体设计的方式构成,
快乐的"乐"谐音平乐古镇的"乐"字,造型将蜀锦中的元素进行图
案化后,装饰"乐"字,一语双关地诠释出蜀锦文化的内涵和审美情
趣。颜色方面采用传统中国红搭配,细腻唯美地诠释出客栈川西传统
文化的品牌特征。

图 3.10 其乐坊精品客栈标志释义

(笔者设计)

（五）标志的标准制图

　　酒店标志方案确定以后,为保证其在整套品牌形象系统中整体统一的使用,确保
在实施过程中放大或缩小都不变形,应按照科学的制图法标注出标志图形和文字的详
细尺寸,即标志的标准制图,以此规范标志的具体比例关系。这里主要列举三种常用
方法:比例标注法、圆弧角度标注法、网格标注法。

　　1. 比例标注法

　　标注标志的比例和尺寸,即选取标志中图形或文字的某一局部尺寸,作为参数标
准 A（任选其他英文字母也行）,其余造型元素比例均以 A 字母的倍数来计算标注,以
此确立整个标志结构的比例关系,比例标注法是三种方法里最常用和简便的方式。图
3.11 是椿上民宿标志的比例标注法使用规范,对标志中的图形、中文字、英文字分别
进行了比例尺寸的标注。标注时需要注意标志图形的高度和宽度、标志中文文字的高
度和宽度及标志英文文字的高度和宽度。

图 3.11　椿上民宿标志（比例标注法）

（王诗瑶设计）

2. 圆弧角度标注法

将标志中图形和文字的角度和弧度，借助圆规、量角器等工具进行比例标注，以此确定圆心的位置、圆弧半径与直径等，这就是圆弧角度标注法。例如图 3.12 中展示的位于平乐古镇的临江楼客栈标志，便使用了圆弧角度标注法进行标注，整个标志图形基本以规则的圆弧曲线构成，设计师用若干圆形标注了各个弧线的弧度，使标志的标注更加规范。

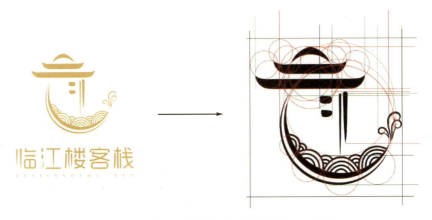

图 3.12　临江楼客栈标志（圆弧角度标注法）

3. 网格标注法

网格标注法指的是以正方形小格子作为基础单位，做横纵向方形格子单元形的重复排列，然后在此基础上标注出标志结构的具体位置。这里正方形格子作为参照物并无具体尺寸限制，但格子越小数量则越多，标志标注的精细度效果越好，反之则标出的误差较大。图 3.13 是其乐坊精品客栈标志，采用的是网格标注法，由于单元格数量划分较多，制图标注的精细度较好。

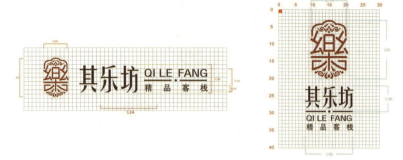

图 3.13　其乐坊精品客栈标志（网格标注法）

（笔者设计）

（六）标志墨稿与反白稿

由于标志在应用过程中常常受到酒店内外部环境的影响，包括材料工艺、技术成本的因素限制，在这样的条件下，为了适应酒店媒体发布的需要，并保证标志在所有形象中的一致性，酒店标志会出现墨稿和反白稿的应用。

酒店的标志墨稿又叫黑白稿，指的是运用点线面等视觉元素并再套用单色（一般是黑色或深色），将原本彩色的标志平面化。要特别注意的是某些具有立体感和渐变型的标志，在做墨稿时不能一味简单去色为黑，需要在造型上做扁平化处理。酒店标志的反白稿，指的是将标志用于黑色背景，也包括其他深色系背景的场合，有些立体的标志其反白效果会和原稿产生视觉差，为了保持原有效果，设计师可在图形着色的区域上进行调整。图 3.14 是在·酒店标志的墨稿与反白稿，清晰地标注了酒店标志墨稿与反白稿的使用规范，保障了标志在深色和浅色背景中的视效强度。

图 3.14　在·酒店标志墨稿与反白稿

（邱佳妮设计）

（七）标志特定色彩

酒店标志特定色彩指的是：设计师以标志本身作为色彩基层，根据专业意见去规定标志及反白稿在不同的色彩环境下是否使用或如何使用。某些酒店标志及其反白稿并不适用于同邻色、互补色、对比色；某些又适合黑白灰等中性的颜色；某些搭配暖色系或冷色系的基调更为协调。这些特定色彩需要设计师做出专业的预判，甚至根据酒店品牌的具体情况来设定。图3.15是椿上民宿的标志特定色彩规范案例，设计师根据民宿的地域环境和装修氛围，将标志放置在后期应用可能会出现的色彩环境中，根据视觉效果的对比和强度，再以右上角用打钩和打叉的方式，指导品牌形象系统的执行者进行应用。

图3.15　椿上民宿标志特定色彩

（王诗瑶设计）

根据《中华人民共和国商标法》（以下简称《商标法》），在酒店品牌形象设计的识别系统中，酒店的标志设计为了避免商标注册的重复，除了需要具有显著性的特征以外，还应当遵循《商标法》的相关规定，尊重各国、各地区和各民族的风俗习惯。例如，酒店标志不得和中华人民共和国的国旗、国徽、勋章相似；不得同中央国家机关所在地特定地点的名称或标志性建筑名称、图形相同；不得使用带有民族歧视性的文字或图形标志；不得设计夸大宣传并带有欺骗性的图文标志；应避免设计有害社会主义道德风尚的标志等。尊重酒店标志设计的合法性，可以避免法律纠纷和对酒店企业方的负面影响。

第二节　酒店标准字设计

字体既是传播酒店文化理念、经营范围、服务特色等信息的重要工具，也是解释酒店标志图形寓意的基础要素之一。优秀的酒店标准字设计蕴含着丰富的艺术内涵和民族文化特征。酒店标准字设计指的是根据酒店理念和酒店产品等信息，运用字体设计的一系列方式和手段，作为酒店全称或者酒店品牌名称设计的专用中英文字体。酒店标准字设计通常为某些特殊字体或字体的变体。标准字结合酒店标志的图形、色彩等元素配合设计并使用，通过酒店品牌基础系统和应用系统的发展和延伸，其简洁、精准、便捷的特质，极大地提高了整个酒店品牌形象设计的传播效率。

一、标准字的设计原则

在酒店品牌的标志设计中，由于文字最主要的功能是传播信息，其次是美化和装饰作用，因此标准字的设计需要遵循相应的设计法则，包括识别性、协调性、差异性等，才能让视觉信息传播得更加有效和合理（见图3.16）。

图 3.16　标准字的设计原则

（一）识别性

为了满足文字有效传播信息的需求，标准字的设计应该清晰简洁，并且辨识度高，让阅读者可识别、易识别，这就是标准字识别性的设计原则。虽然不同类型和风格的酒店其标准字的设计需求不同，但无论是选择字体还是再次进行文字设计，都须遵从文字识别性原则，直接准确地传达出酒店品牌的信息内容。

（二）差异性

酒店品牌形象设计系统并不是千篇一律的，由于各家酒店的类型和主题、环境和特征的差异，设计标准字可以考虑从酒店的地域属性、文化理念、经营范围、服务特色等着手，配合标志图形和整个基础系统的调性，做出包括字体形态和色彩、排版和风格的差异性。

（三）协调性

标准字在酒店品牌形象设计系统里，绝不是孤立的存在，它与酒店标志的图形、应用系统中各个媒介搭配，环环相扣、相辅相成。由于标准字出现的频率较高，设计师应考虑标准字前期在基础系统中的协调性，为后期应用系统中再次出现做好铺垫。

二、标准字的风格分类

按照文字的字体风格分类，酒店标准字可分为手书字和变体字两种类型。

（一）手书字

手书字又称为书法字，其历史来源悠久，具有深厚的文化感和民族性。在搭配酒店标志的时候，一般可由书法家、艺术家、政界或社会名流进行题字创作，以上条件若不具备时，也可选择手书功底较强的设计师进行书写。传统的中文手书字体，包括行书、草书、隶书、篆书和楷书五大类，在每一大类中又细分若干小的门类，如篆书里分大篆和小篆，楷书里分魏碑和唐楷，草书有章草和狂草等小门类。手书字的风格蕴藏了中国传统文化的底蕴和内涵，较好地诠释出酒店的历史文化背景和地域特性。位于北京商务中心核心地带的北京国贸大酒店，由于身处北京城这样一个集历史底蕴和文化背景于一体，具有中式传统风格之下的环境，酒店标志的标准字采用了传统的手书字体，使得国内外游客对中国酒店品牌文化的博大精深记忆深刻（见图 3.17）。

图 3.17　北京国贸大酒店手书风格标准字

（二）变体字

变体字指的是在电脑软件的字库里，根据酒店品牌信息需要的风格，选择基础字体以后，进行字形结构或笔画的拉伸、变形、连笔、增减、装饰、图形化等变化后，形成独具一格的全新字体。变体字的风格丰富多样，具有较高辨识度的同时，还极具酒店的个性特征，让人记忆深刻。例如定位于中等价格、高标准服务的经济型商务酒店品牌：假日酒店。假日酒店标准字的字体使用的是变体字设计，字体在粗黑体的基础上进行笔画的装饰与变形，字形造型显得大气、高端且不失简洁，绿色的配色方案十分符合酒店时尚便捷的商务特征（见图 3.18）。

图 3.18　假日酒店变体风格标准字

三、标准字的内容分类

按照标准字的内容来分类，酒店标准字可分为酒店企业名称标准字和酒店品牌名称标准字。

（一）酒店企业名称标准字

酒店企业名称标准字指的是酒店企业名的全称或简称（含中、英文两种）。在设计的时候应考虑字体的严谨度和规范度，对于酒店企业名称（中、英文全称）文字字数较多的酒店，还需考虑文字的字号、字间距甚至行间距之间排版的关系，以及中、英文的逻辑顺序，均需要符合正常的视觉流程，且强调文字的辨识度。图 3.19 是重庆上邦温泉度假酒店的标准字案例，上邦酒店是美国温德姆酒店集团麾下的核心品牌酒店，以"高尔夫温泉之家"为主题，按国际五星级和戴斯（美国）酒店的双重标准精心打造。酒店标准字采用酒店全称进行标准字设计，中文和英文字数较长，一共采用四行字作为版式排列。酒店文字设计风格大气稳重，以酒店企业完整的全称命名为标准字，观者在阅读的时候可以清晰识别出酒店企业的经营性质和服务类型。

重庆上邦温泉度假酒店

SUN KINGDOM
HOT SPRING & RESORT HOTEL
CHONGQING

图 3.19　以企业全称命名的标准字

（二）酒店品牌名称标准字

酒店品牌为了在行业竞争市场中增加记忆度和辨识度，树立更有视觉冲击力的品牌形象，往往会使用酒店品牌的名称作为标准字。酒店品牌名称一般是从酒店企业全称中提炼出来的，文字较为精炼，信息内容一语中的，设计的时候可考虑变体字和强有力的文字排版，以此增加传播的效力、突出酒店企业精神。图 3.20 是万豪集团旗下的万丽酒店标准字，是典型的以酒店品牌名称命名的标准字案例。秉承引领现代潮流、经典奢华的设计风格，以品牌名称“万丽酒店”命名设计的标准字，阅读时效果清晰、醒目。

RENAISSANCE®
HOTELS
万丽酒店

图 3.20　以酒店品牌名称命名的标准字

四、标准字的制图方式

前期标准字设计定稿之后，为了确保标准字在酒店品牌形象设计应用系统中做到规范和统一，设计师会通过制图法对标准字进行标注。标准字的制图方法和前面介绍的标志制图方法类似，中文和英文标准字均可用方格制图法、直接制图法和比例制图法三种方法进行制图。

（一）方格制图法

方格制图法是指在数个等分的方形格子里，标明标准字的宽度、高度、角度、圆心等比例和空间位置之间的关系。例如位于上海的中高端精选服务连锁酒店——成曼君亭酒店，酒店标准字的制图采用了方格制图法，以 A 为一个基本计量单位，进行中英文标准字的制作，应用时按比例放大或缩小，以保证标准字规范、严谨、准确（见图 3.21）。

图 3.21　成曼君亭酒店方格制图法

（二）直接制图法

当较为复杂的标准字无法用方格进行标注的时候，可采用直接制图法进行标注，即将字体长、宽数值的具体尺寸，直接标注在字体上，使标准字的笔画与形态在制图上更为细致和清晰。

（三）比例制图法

标准字的比例制图和标志的比例标注类似，即选取中、英文标准字的某个局部作为参数，命其为 A 或其他字母，其余的字体笔画粗细、间隔距离等均为 A 的倍数，以此规定标准字的比例关系。图 3.22 是位于甘肃省沙漠星星主题酒店的标准字，中、英文文字均采用了比例制图法进行制图，以 A 的倍数来标识字的宽度、高度以及字与字之间的间隔，这样的好处是，不管字体在运用的过程中被放大或缩小多少倍，都能保证其清晰可读，确保后期酒店品牌形象设计系统使用的规范。

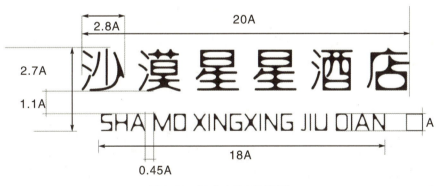

图 3.22　标准字比例制图法

（杨一凡设计）

第三节　酒店标准色与辅助色设计

在酒店品牌形象设计中，色彩是引发人们视知觉和审美情趣的重要元素。准确有效地传达出酒店标准色，可以激发消费者对酒店品牌形象的情感诉求和心理联想，凸显酒店品牌的企业文化、经营理念、服务属性以及地域特征。

在前期确立了酒店标志和标准字的设计以后，酒店品牌形象的整体调性和内涵已经铺垫清晰。后期为了确保酒店在各个媒介的应用过程中，各品牌色彩的基因具有较高的显示度，设计师会通过酒店标准色设计和酒店辅助色设计两个方面的内容，严格遵守统一、规范的色彩配搭形式法则，以此管理酒店品牌形象设计的色彩体系（见图3.23）。

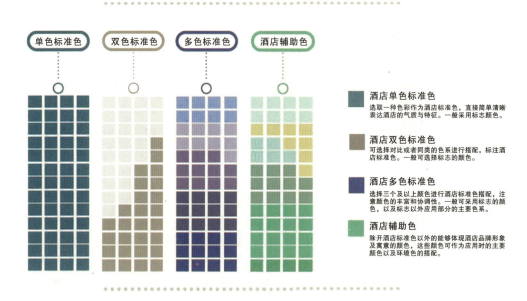

图 3.23　酒店标准色与辅助色内容一览

一、酒店标准色设计

酒店标准色指的是在酒店品牌形象设计中，为酒店品牌特征量身定制的专用色彩，这些颜色一般可从酒店标志、酒店标准字、酒店各广告宣传媒介中进行提取。酒店标准色是整个视觉形象的主要色彩，以单纯、明快、较少的色彩体现最多的含义，因此选择时数量不宜过多，一般可以是一种色彩或两种色彩，也可用多种色彩进行配色。提取的时候除了考虑酒店本身的品牌特征和文化基因，还应考虑与标志、标准字以及应用中的风格搭配是否协调。标准色蕴含了酒店品牌的设计内涵，只有遵从标准色设计的形式原则，才能体现酒店企业的精神宗旨，迎合消费大众的审美情怀和情感需求。

（一）酒店标准色的设计内涵

设计师对于酒店标准色的选择与搭配，是建立在品牌形象设计的总体规划基础之上的，不能仅仅根据市场上流行某种色彩或者委托方个人喜好某种颜色，就仓促地确定标准色。设计师从市场调研到标志设计定稿，需要对酒店内外部环境、酒店的企业文化精神等多方面因素，做全盘考虑来选择标准色。标准色传达的是酒店品牌 DNA 的符号特质，是代表酒店品牌精神的重要表征，其设计内涵包括以下两点。

1. 塑造良好的酒店品牌形象

科学的标准色可以塑造良好的酒店品牌形象，设计师根据不同酒店的历史背景、地域优势、经营范围、服务特色、企业文化等搭配适合的标准色，能给顾客留下难忘的记忆，提升酒店的美誉度和知名度。

2. 提升酒店品牌营销价值

选择正确的标准色，不但可以影响消费者对酒店类型、档次的选择，激发消费者的情感需求，从而对酒店商品、酒店产品产生购买欲望，还能成为酒店品牌 DNA 符号自我表达的武器，以此提升酒店品牌的营销价值。

（二）酒店标准色的设计原则

设计师准确把握色彩对人们产生的视觉印象和情感反应，遵从酒店标准色设计的原则，可以更加系统科学地界定酒店标准色的选择（见图 3.24）。

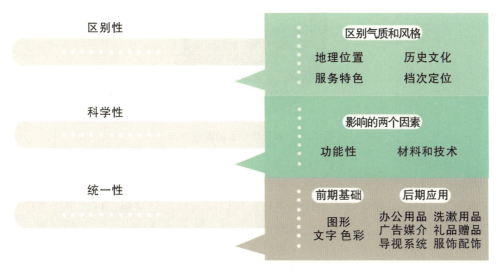

图 3.24　酒店标准色的设计原则

1. 区别性

由于各个酒店品牌的地理位置、历史文化、服务特色、档次定位的不同，酒店在选择标准色时，要选择能反映出酒店品牌形象特征的颜色，以此区别于同类型酒店的气质和风格。个性特征是具有区别性的标准色，可以让酒店品牌的形象基调存在竞争差异，从而在同类型酒店竞争对手市场中独占鳌头。

2. 科学性

酒店标准色的实现不是设计师自我个性释放的调色盘，影响标准色选择的首要因素是前期酒店地域文化的调查和测试，即根据酒店品牌的基调，真实客观的色彩诉求，以及建立在功能性基础之上的色彩搭配。第二个影响标准色选择的因素是材料和技术。长线考虑印刷成本（节省多色印刷）、慎用烫金烫银印 UV 的油墨等，都是设计师是否具有科学性设计思维的体现。

3. 统一性

酒店标准色无论是前期与酒店标志的图形、文字、辅助色进行搭配，还是后期与应用系统中办公用品、广告媒介、洗漱用品、礼品赠品、服饰配饰、导视系统等的结合，设计师均需要长远考虑色彩的规划和界定，避免标准色在搭配结合中出现违和感甚至突兀感，保障酒店品牌形象设计整体色彩的统一与调和。

（三）酒店标准色的配色方法

酒店标准色的配色方式有三种：单色配色、双色配色、多色配色（见图 3.25）。

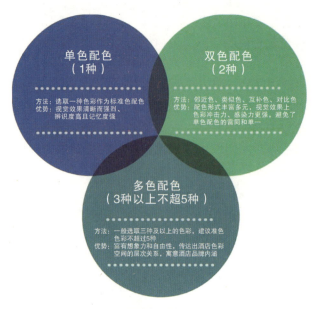

图 3.25　酒店标准色的配色方法

1. 单色配色

在酒店品牌形象设计中仅选取一种色彩作为标准色配色，即单色配色。单色配色的标准色，其优势是视觉效果清晰而强烈、辨识度高且记忆度强，可以更加直接地体现出酒店形象的风格和特质。单色标准色后期制作实施成本较低、工艺简单便捷，因此也是最常见的配色方式。但对于一些外观和内部装修风格丰富多元的酒店来说，单色配色容易显得单调平淡，不易反映酒店的个性与特点，解决的方式是可在用色范围的造型和排版上，适当采用多元化设计，以便弥补单色方案的不足。图 3.26 是匠庐·村晓主题酒店标准色配色方案。酒店隐藏在贵州黄果树石头寨普叉村，主题内涵是远离城市喧嚣、回归自然的质朴风格，标准色采用单色配色，契合了酒店建筑环境同色系的咖啡色，凸显了布依族百年古村落的文化氛围。

标准色（单色配色）

四色印刷色：C=51 M=69 Y=100 K=15
显示器RGB色：R=137 G=92 B=46

图 3.26　匠庐·村晓主题酒店标准色配色方案
（王家辉设计）

2. 双色配色

选取两种色彩作为酒店品牌形象设计的标准色，即双色配色。双色配色较单色配色来讲，选择性有所增加，可选择色相环种的邻近色、类似色、互补色、对比色等方案，由于配色形式丰富多元，视觉效果上色彩冲击力、感染力也更强，较好地避免了单色配色的雷同和单一。双色配色使得酒店品牌形象产生了节奏与韵律、对比与调和的效果，让酒店品牌形象的色彩富有生命力。图3.27是ATINN在·酒店标准色配色方案。ATINN在·酒店坐落于成都市红牌楼，酒店空间设计以主张当代生活方式为灵魂，将室外的光、水、绿化引入室内，使建筑与室内空间的融合达到完美。配色方案采用双色配色，温暖的浅绿色和深邃的深绿色直观地反映出酒店的生态氛围。

标准色（双色配色）

四色印刷色：C=64 M=36 Y=85 K=0
显示器RGB色：R=113 G=141 B=82

四色印刷色：C=88 M=59 Y=100 K=36
显示器RGB色：R=46 G=80 B=53

图3.27　ATINN在·酒店标准色配色方案

（邱佳妮设计）

3. 多色配色

多色配色一般选取三种及以上的色彩进行标准色搭配，由于酒店行业的特殊性，建议标准色色彩不超过五种。欧美酒店风格较为大胆和充满幻想，也有采用超过五种标准色作为酒店标志配色方案的案例。例如位于维也纳的奥古斯托别墅酒店标准色配色方案，酒店风格充满艺术和梦幻色彩，其标准色则采用多色配色关系呈现（见图3.28）。多色配色方案的选择较双色配色而言，更富有空间想象力和自由性，多色系、多明度、多纯度的配搭模式，凸显出酒店色彩空间的层次关系，寓意酒店品牌的精神内涵。值得强调的是，设计师在多色配色时需注意色彩间的主次关系，避免出现品牌形象系统的色彩在空间感上凌乱或模糊不清的问题。

（四）酒店标准色的管理

为了方便酒店品牌形象设计系统科学地实施和展开，酒店标准色需要制定严格的管理办法来加强色彩传达的准确性。设计师会对酒店标准色限定规范严谨的标示方式，以下三种是最常用的标示方法：

1. 印刷色标示

印刷色标示法指的是根据印刷制版色彩的分色原理，标示出每一个标准色所占的分色百分比。印刷色是由不同的C、M、Y、K的百分比组成的，即C（cyan）代表青色，M（magenta）代表洋红，Y（yellow）代表黄色，K（black）代表黑色。印刷色标示法仅需标明C、M、Y、K四色分版的各色百分比数值即可，此标示方法在设计与印刷中十分常用。图3.29是安缦·珍纳度假酒店标志的标准色彩，采用了四色印刷色进行标示，较为清晰准确地规范了酒店的用色标准。安缦·珍纳度假酒店位于摩洛哥，被誉为撒哈拉沙漠通道之上的宁静天堂，设计灵感源自马拉喀什旧城及其建于 12 世纪的 Menara 花园，酒店建筑采用赭红色，其余大片的红墙也展示了独特的摩洛哥风韵，仿若神话的"红城"。因此，标志标准色分别是酒棕红、柑橘棕、焦糖棕，每种颜色分别用 C、M、Y、K 数值详细标示，较好地诠释了具有地中海风情的赭红色建筑色系。

图 3.28　奥古斯托别墅酒店标准色配色方案

图 3.29　安缦·珍纳度假酒店标准色的印刷色标示

（许倩倩设计）

2. 油墨或油漆涂料编号标示

油墨或油漆涂料编号标示法指的是根据印刷油墨或油漆的制造商制定的色彩编号来标示标准色。PANTONE（彩通）在 2021 年全球发行的最新色卡中，新增 294 种流行新色彩，呈现了共计 2 161 种市场导向的专色色彩，印制在光面铜版与胶版纸材上。

色卡谱的全球通行，让设计师可以快速选择、沟通及比较更为准确的色彩。图 3.30 是 PANTONE（彩通）2021 最新色卡及春夏流行色，此次共发布的六个流行颜色分别是：明亮黄、棱镜粉 、薰衣草紫、跳伞蓝、孔雀蓝、铅晶灰，这些色卡为设计师设计时代感强的酒店标准色，提供了潮流性的风向标。

图 3.30　PANTONE（彩通）2021 最新色卡及春夏流行色

3. 彩色喷绘的 RGB 标示

彩色喷绘的 RGB 标示法采用的是三原色光模式原理：将红（red）、绿（green）、蓝（blue）三原色的色光以不同的比例相加，其目的都是使酒店品牌形象设计的色彩管理标准、精确，这种标注的方法应用得十分普遍。图 3.31 是位于成都市大邑县花水湾中铁温泉酒店所确定的四种标准色，采用了 RGB 标示法进行色彩标注。由于在色彩上详尽、明确地标示了 RGB 数值，十分方便后期颜色在不同媒介的运用。

图 3.31　中铁温泉酒店标准色的 RGB 标示法
（蒋文庆设计）

二、酒店辅助色设计

酒店辅助色指的是在酒店品牌形象设计应用过程中，既除开酒店标准色以外，又建立在酒店标准色系的基础之上，作为其补充、配合的色彩配色。辅助色顾名思义具备辅助功能，一般会依据标准色的色相、纯度、明度进行选择，适用于酒店集团的母子公司、酒店内部各部门、酒店服务产品等范围。其具体载体包括酒店办公系统、酒店广告宣传媒介、酒店导视系统、酒店礼品赠品包装、酒店员工服饰配饰等。

为避免与标准色配合的混乱或重复，设计时可侧重色彩协调统一的原则，即多使用色相环中同类色或邻近色，具体操作方法是将辅助色仅在明度和纯度的推移上变化，这种使用方式较为普遍且便利。若酒店品牌调性活泼丰富，辅助色可选择对比色、互补色等撞色色系搭配，但应注意避免整体混乱。还有一种情况就是中性色作为辅助色，例如在无彩色中的黑、白、灰适当添加明度纯度的推移，这种方式不容易出错，也能凸显出品牌调性的高级和雅致。应特别注意的是，以上几种选择应根据载体和环境中造型的需求具体设定。

例如图 3.32 的 ATINN 在·酒店的标准色、辅助色设计案例。由于酒店建筑设计理念是对光、水、绿化引入室内全生态概念，辅助色选择在酒店标志的标准色基础上，增加同色系的八种色彩作为其辅助色彩，运用绿色森林色色系的明度、纯度做出推移对辅助色进行界定，让酒店后期应用系统中，包括建筑内外部环境基调均实现协调和统一。

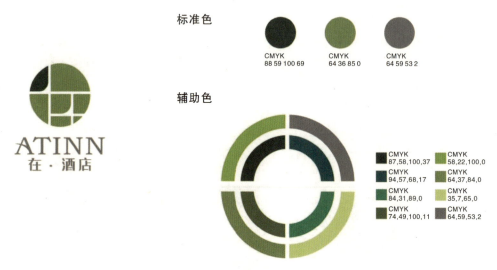

图 3.32 ATINN 在·酒店的标准色、辅助色设计

(邱佳妮设计)

图 3.33 是位于广东龙门的水悦居酒店的标准色、辅助色设计案例。辅助色选择在双色配色的标准色（暖色系）中进行延展，层次分明，极好地辅助了酒店后期应用的便利性和氛围感。

酒店辅助色与酒店标准色设计具有同样的设计内涵、设计原则、标示方法，根据酒店的品牌文化、地域属性、经营范围、服务特色和产品特质，选择科学的色彩体系展现酒店品牌的精神内涵，通过色彩引发消费者的视知觉和心理学反应，传达酒店的品牌理念和服务宗旨。

图 3.33 水悦居酒店标准色、辅助色设计
（万维品牌策划设计）

第四节 酒店辅助图形设计

　　辅助图形（symbol pattern）又称为象征图形，其功能主要是辅助酒店品牌形象设计各应用要素的识别与开展，这样既可以避免标志重复使用导致的单调感，也能起到美观、强化酒店品牌识别系统的作用。因此，辅助图形是酒店品牌形象设计中除标志设计之外非常重要的一部分。有经验的设计师会在初创标志的时候就考虑到辅助图形与标志的联系，包括将标志图形在辅助图形上进行延展、升华、创新等，前期的标志设计是辅助图形的铺垫，辅助图形也是检验标志是否合理的最好验证。

　　设计辅助图形的时候，有几个因素需要注意：首先，要考虑辅助图形设计的来源，这是很多设计师容易忽略的问题。辅助图形设计主要源自酒店品牌的内涵寓意，例如酒店的地域特征、经营范围、服务特色、主题内容、企业历史文化等因素，都可以作为辅助图形思路来源的设计根基。其次，可以从辅助图形的功能性进行考虑。辅助图形的视觉表现需具有较强的识别与传播、美化与个性的作用，任何丧失功能性的设计都是无效设计。最后，辅助图形的适应性也不容忽视。辅助图形和品牌形象应用部分是相辅相成的关系，辅助图形除辅助标志（独立性不宜超过标志）、标准字、标准色同时表达外，还应在应用部分实施的过程中，注意主次对比的关系，力求烘托主体元素的同时又能实现连贯统一的视觉体验，切勿喧宾夺主（见图 3.34）。

一、酒店辅助图形的设计类型

（一）具象型辅助图形

　　具象型辅助图形的含义是指能够直接表达酒店特点或寓意的具体图形。具象型辅助图形一般客观地存在于人们周围，取材于生活或大自然中的人物、动物、植物、风景、静物、字母、数字，也可源于酒店文化、历史背景、主题故事里衍生出的具象图形元素，其优势是直观真实、具有亲和力。图 3.35 是歌遥乡村田园度假酒店辅助图形设计案例。该酒店以乡村田园度假生活主题为基础，在辅助图形设计上，运用手绘插画的方式对田园中的动物、植物、人物、活动加以再现和重新演绎，写实的线稿风格将辅助图形与酒店的品牌文化完美契合。同时，黑白水墨线稿的设计调性，对酒店的田园文化做出了直观真实的诠释。

图 3.34　辅助图形设计须知一览

图 3.35　歌遥乡村田园度假酒店辅助图形设计

（鲸鱼文创设计）

图 3.36 是黄山檐下精品酒店的辅助图形设计，设计师以燕飞筑巢为创意引申出"檐下筑家"的概念。用写实的插画手法再现燕子飞翔的形态，工笔画风的中式意境传递出中国博大精深的传统文化，体现了酒店企业贴心的人文关怀。

图 3.36　黄山檐下精品酒店辅助图形设计
（MINXSHOW 设计）

（二）抽象型辅助图形

抽象型辅助图形不仅可以提取单纯的装饰图案，而且可以将酒店标志或酒店形象视觉要素以几何图形进行拓展。具体的做法包括：截取标志的一部分进行延展，或者对变形的标志进行排列或组合，通过色彩的叠加、线条的变化，保留基本元素的整体与统一。例如图 3.37 的世纪域景酒店辅助图形设计案例，其设计灵感源于自然元素的抽象变形，辅助图形设计延续了标志概念的形态和宗旨，通过形式多元的组合汲取了树木、水流、山川、雨雾等抽象概念，让消费者对大自然产生空间联想，设计的意境显得独树一帜。

图 3.37　世纪域景酒店辅助图形设计
（心铭舍品牌设计）

图 3.38 是山顶度假酒店的辅助图形案例，采用了与酒店建筑形象相关的抽象图形进行提取。位于韩国东部海域岛的 KOSMOS 山顶度假酒店，自然生态环境美轮美奂，白色极简有机风格的建筑设计，是韩国建筑师金灿中的杰作。辅助图形对酒店推崇的古朴灵动的自然世界、神奇梦幻的日月星辰、坐落于大自然森林中的有机建筑等元素进行提炼，抽象的有机线条和蓝白正负形色彩赋予酒店神秘曼妙的浪漫气息。

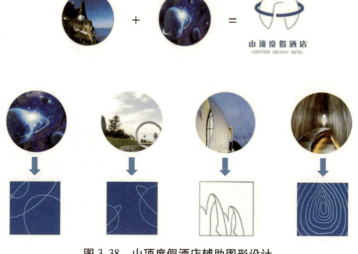

图 3.38　山顶度假酒店辅助图形设计
（罗子涵设计）

二、酒店辅助图形的提炼技巧

酒店辅助图形提炼技巧可以归纳为以下两种方向：视觉提取和概念提取。下面以瓦当瓦舍酒店的多种辅助图形方案作为提炼技巧的讲解。瓦当瓦舍酒店是一家位于成都具有新中式现代风格的旅行主题酒店，辅助图形分别从视觉提取和概念提取两个大的思路方向进行提炼。视觉提取方面，由于标志图形采用了酒店建筑特色"瓦片图形"的灵感来源，辅助图形简单直接地对标志图形进行提炼，包括直接运用完整标志、截图标志图形的局部元素、将标志图形进行重复构成三种方式。这样提取的优势是简单便捷，应用起来消费者易读易懂，但艺术氛围和设计延展的深度稍显薄弱。概念提取方面，主要从酒店标志的寓意出发去思考辅助图形，分别是从标志概念及品牌理念的角度进行辅助图形的延展和深入。特别是该酒店品牌理念提取的方案，以"面"强调的瓦片形象和各种"抽象瓦片"形态配合，形式和内容显得丰富多元，图形设计的艺术感染力较强，与酒店品牌理念"瓦"就是负责挡风遮雨的"家"的概念不谋而合（见图 3.39）。

（一）视觉提取

视觉提取是从品牌形象已有的视觉形象进行辅助图形提炼，这里主要指以标志为基础进行提炼。视觉提取辅助图形侧重于版面的美感和视效，可弥补因标志重复应用与各载体之间出现的单调与不足。

1. 直接运用完整标志

将酒店品牌已设计好的完整标志进行图形提取，方法包括选择降低其明度、纯度，或调整其色彩对比度、透明度、材质度，也可改变造型边框的粗细等方式作为辅助图形。这种手段作为辅助图形提取是最常用、简单、直接的方式。初学者往往在设计各式各样辅助图形来搭配应用的时候，常遇到画面违和感较强、版面凌乱、造型美感不足等瓶颈，可考虑选择以上手段作为辅助图形提炼，效果便捷且不容易出错。图 3.40 是在·酒店品牌形象直接运用完整标志作辅助图形的案例，将标志直接降低明度和纯度使用为辅助图形，并与文字进行排版组合，运用部分操作起来简单方便。

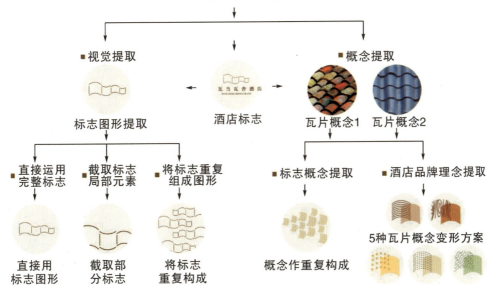

图 3.39　瓦当瓦舍酒店辅助图形提炼技巧

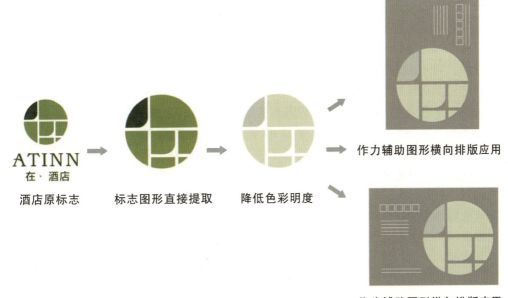

图 3.40　在·酒店辅助图形设计

（邱佳妮设计）

2. 截取标志局部元素

截取标志的局部或部分元素作为辅助图形的提取，也是较为简单和常用的辅助图形提炼手段，一般选用抽象形态的标志图形截取效果更好。抽象标志图形拥有几何或构成关系的形态轮廓，寓意丰富让人充满联想，比起具象标志的截取更容易搭配载体，也使得版面整体不失高级感。图 3.41 是匠庐·村晓主题酒店截取标志局部元素做辅助图形案例。辅助图形巧妙地截取了酒店标志图形中的局部元素，去除色彩的饱和度并增加透明度，拆分后与文字进行排版，版面空间层次分明，画面风格简约质朴。

图 3.41　匠庐·村晓主题酒店辅助图形设计

（刘杭岩设计）

3. 将标志重复组成图形

成熟的标志已经具备图案感和符号化，将标志图形按照平面构成中重复排列（如二方连续、四方连续）的组合原理，可以形成全新的辅助图形，以此作为应用部分的背景。这种重复排列的标志图形做辅助图形，场合多用于版面的背景空间。由于背景主次关系的角色需要，设计师可以适当改变或降低其色彩的纯度、明度、材质、肌理，形成协调的背景图案为版面使用。图 3.42 是位于云南玉溪市的蚂蚁窝民宿的辅助图形，辅助图形设计直接将标志图形进行了重复构成，画面文字排版和辅助图形各占版面等分的面积，辅助图形对信息文字起到了说明和修饰的作用。

（二）概念提取

概念提取指的是从酒店标志的寓意、酒店品牌的内涵等概念中，通过各种表现形式去提取甚至挖掘辅助图形。概念提取侧重于酒店品牌的功能性，起到完善品牌的概念、拓展品牌价值与魅力的作用。

1. 标志概念提取

与标志图形视觉提取的方式不同，标志概念提取辅助图形是在已有的标志符号基础之上，重新演绎与现有标志寓意相关的联想形态，这包括被美化、演化过后具有感染力的图形或符号。在设计的时候，要注意标志概念与辅助图形概念之间的逻辑性，否则在阅读时无法形成标志与辅助图形间视觉的统一性。标志概念提取辅助图形，不用拘泥于抽象、具象或文字类的标志，只要符合概念逻辑的合理性，并能和视觉形象前后统一，均可采用这个方法进行提取。图 3.43 是沙漠星星酒店的辅助图形设计案例。沙漠星星酒店位于宁夏沙坡头旅游景区的腾格里沙漠深处，从空中俯瞰整个酒店是以五角星的形态在沙漠中出现的，酒店远离城市喧嚣，店内设有星空剧场和观星谷等设施，被称为观星圣地。由于酒店标志设计的概念灵感来源于星空、酒店、沙漠等元素，辅助图形以标志概念内容作为提取来源，选择了标志概念中的星空剧场、酒店外观、沙丘形态三大元素进行提炼，别出心裁的辅助图形造型令游客浮想联翩（图 3.43）。

酒店原标志　　　　标志图形做提取　　　　标志图形做重复构成为辅助图形

图 3.42　蚂蚁窝民宿辅助图形设计

（欧力设计）

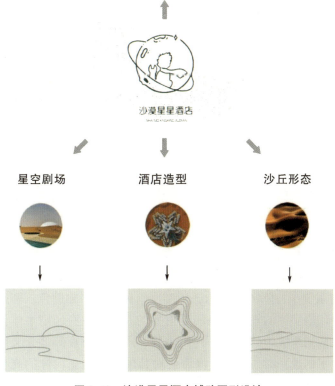

图 3.43　沙漠星星酒店辅助图形设计

（杨一凡设计）

2. 酒店品牌理念提取

从酒店品牌理念的内涵提取形式多元、具有独特视效的辅助图形，这些理念包括酒店的企业文化、主题内容、经营范围、服务特色、地域特征等，最后通过丰富多彩的视觉表现形式进行绘制。

图 3.44 是无眠酒店辅助图形设计案例。无眠酒店是格美集团成立的全新中档精品酒店，其品牌价值是为商旅人士解除孤独感和浮躁感，形成人文关怀的酒店空间。酒店关注睡眠，提炼"平心、平和、平衡"三款服务理念，辅助图形根据服务理念凝练了抽象的自然万物作为图形元素，体现酒店"清静无为、人与社会、人与自然、人与自己"的品牌理念。无眠酒店的辅助图形应用，赋予其品牌形象宁静、惬意、禅意的文化归属感。

酒店名称：无眠酒店

从自然万物种提取，
体现清净无为、人与
社会、人与自然、人与自己

图 3.44　无眠酒店辅助图形设计

（设计师 AIKE——艾克杰设计）

第五节　酒店专有印刷字体设计

酒店专有印刷字体是酒店品牌形象设计中，对文字管理不可缺少的部分。在酒店品牌形象的基础系统中，除了对标志、标准字、标准色、辅助色、辅助图形等要素需要进行规范外，印刷字体的管理也是同等重要的。酒店专有印刷字体设计指的是在酒店品牌形象设计应用系统中，涉及酒店类包装、广告、导视等部分文字印刷阶段，对中文、英文、数字的选择时，设计师都需要对其使用做出指向性的规范。酒店专有字体既可以在电脑的字库里选择，也可通过互联网平台购买一些设计感和功能性较强的字体，还可以聘请专业的字体设计师亲自操刀设计。由于专有印刷字体较多应用于酒店广告宣传、酒店类包装、酒店类导视等部分，文字无论是在字体的类型、字号，还是在字间距甚至行间距的选择上，规范严谨性都不容忽视。搭配的时候需注意酒店品牌形象风格和基调、各个视觉元素与文字之间的协调统一。图 3.45 是位于平乐古镇的上院精品客栈的中文、英文、数字印刷字体规范设计，设计师建议了中文、英文和数字各六种印刷字体的规范，对于后期应用部分给出了较为专业和科学的示范。

图 3.45　上院精品客栈中文、英文、数字印刷字体规范

（黄月等设计）

第六节　酒店元素组合规范设计

在酒店品牌形象设计应用的过程中，酒店的标志与酒店中英文全称、酒店中英文简称、酒店品牌名称、酒店广告语、酒店通信信息等基本要素，均有严格统一的搭配方式，形成一套规范且有序的设计模式。根据不同载体的使用功能，设计时需建立协调均衡、主次分明的组合效果，包括横竖版、大小比例、尺寸间距、方向位置等组合是否符合人们正常阅读的逻辑和习惯，组合搭配的视效是否满足消费者的审美情趣等。

一、酒店标志与酒店中文全称、简称组合

酒店标志与酒店中文全称、简称均可以搭配组合，组合的版式包括了横向和纵向两种。一般横向版式的组合较多，纵向组合由于使用的面积受限导致使用相对较少。

纵向组合时，应根据人们阅读文字的视线流程进行调整，例如在标志图形不变的情况下，需将文字调整为可以竖向阅读（从上到下）的方向，同时设定合理的字间距和行间距。图 3.46 是大家熟知的城市便捷酒店标志与酒店中文全称、简称两种组合。作为中国精品快捷连锁酒店的开创者，城市便捷酒店的经营理念是经济实惠、舒适便捷。酒店标志在排版组合方式上大部分为横向排版，标志与中文简称组合使用普遍，阅读时显得清晰简约，标志与中文全称组合会在某些特定区域使用。整个标志与文字的位置关系、比例间隙均恰到好处，形成了良好的视觉关系。

城市便捷酒店标志中文简称组合　　　　　　城市便捷酒店标志与中文全称组合

图 3.46　城市便捷酒店标志与酒店中文全称、简称组合

二、酒店标志与酒店英文全称、简称组合

酒店标志与酒店英文全称、简称组合也包括横向和纵向两种排版方式。特别需要注意的是，在纵向组合时，需将酒店英文整体顺时针旋转 90 度，标志图形则保持方向不变，其他文字根据其文字阅读习惯做纵向排列即可。图 3.47 是英迪格酒店标志与酒店英文简称、全称组合。洲际酒店集团旗下的英迪格酒店（Indigo Hotel）是一家五星级高档连锁精品酒店，被誉为"行业第一品牌的精品酒店体验"，为了给住客提供无尽的灵感和愉悦的入住感受，每一家酒店的装修和设计充分体现出酒店所在地域的全方位艺术特色，装修陈设无不让人耳目一新。设计师需对标志与酒店英文简称、全称组合进行规范指导，确保在各个应用区域的实施科学有序。

英迪格酒店标志与英文简称组合　　　　　　英迪格酒店标志与英文全称组合

图 3.47　英迪格酒店标志与酒店英文简称、全称组合

三、酒店标志与酒店中英文全称、简称组合

　　酒店标志与酒店中英文全称、简称组合，也包括横向和纵向两种排版组合方式。由于这个组合中文字元素较多，会涉及文字的提行或断句问题，设计时要明确主次、梳理信息的功能后再进行排列。当标志与大量文字组合时，视觉元素会变得烦冗，更要注意突出标志的视效和主位。为了保证整个酒店品牌形象系统的视觉统一性，图文元素间的组合关系需参考基础部分的风格调性、比例尺度进行合理配置。图 3.48 是椿上民宿标志与中英文全称、简称横竖组合，科学地指明了标志和文字间的层次关系，指导后期各个应用环节的使用规范。

椿上民宿中英简称横版、竖版组合

椿上民宿中英全称横版、竖版组合

图 3.48　椿上民宿标志与中英文全称、简称横竖组合

（王诗瑶设计）

四、酒店标志与酒店品牌名称、广告语组合

　　在酒店元素组合规范设计中，酒店会通过广告语向客户介绍酒店产品、经营理念、服务范围、企业文化等一系列特征，以此提高酒店企业方的知名度。一般来讲，酒店标志组合中的广告语大部分是简短易记、突出特点的。酒店标志与酒店品牌名称、广告语进行组合的方式，和前期的组合一样分为横纵组合排列，在酒店办公用品、酒店包装、酒店广告宣传用品上使用得较为频繁，能快速便捷地体现酒店企业方的价值观和核心精神，在消费者心中树立良好的企业形象和好感度。图 3.49 是沙漠星星酒店标志与酒店品牌名称、广告语横竖组合，标志下方附带的广告语"大漠星途、浩瀚星辰"

展示出酒店品牌的主题特色，让原本平凡的标志显得与众不同。

沙漠星星酒店标志与酒店品牌　　　　　　　沙漠星星酒店标志与酒店品牌
名称、广告语竖版组合　　　　　　　　　　名称、广告语横版组合

图3.49　沙漠星星酒店标志与酒店品牌名称、广告语横竖组合

（杨一凡设计）

五、酒店标志与酒店品牌名称、通信信息等组合

在设计酒店办公用品的各类载体时，常常会使用酒店标志与酒店品牌名称、通信信息等组合方式。这样做的好处是，运用更为统一规范的形式将酒店标志和通信信息同步推广出来，视觉显示度较好。在设计的时候，可根据信息的功能和美观度，调节字间距和字号，做到主次分明、层次清晰（见图3.50）。

图3.50　三亚湾皇冠假日度假酒店标志与品牌名称和通信信息组合

六、酒店标志元素组合的规范准则

以上各类酒店标志基本元素组合规范的方式，需注意整个酒店品牌形象设计系统的统一性和识别性，否则会出现整个品牌形象不规范甚至混乱的现象。以下四种是酒店标志元素组合的规范准则，设计时若稍加注意，可帮助大家规避使用的错误。

（一）拉伸变形

规范组合酒店各要素的时候，标志中图形和文字均不能出现加框、压扁、倾斜等拉伸变形等错误，需注意保持整个品牌形象前后的统一及规范。图3.51是上院主题酒店拉伸变形的错误组合，规避了在操作过程中可能出现的各种不规范组合形式。

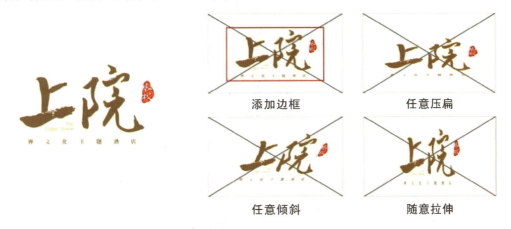

图3.51　上院主题酒店拉伸变形的错误组合
（黄月等设计）

（二）随意增减

为了保持酒店品牌形象视觉前后的统一及准确，应避免随意增减酒店各要素中图形文字的内容。从基础系统确定标志的组合形式开始，后期的运用都会以此为基准应用，保持各元素的前后一致性。图3.52是临江楼主题客栈随意增减的错误组合，规避了标志在应用过程中可能出现的增加或删减的弊端。

图3.52　临江楼主题客栈随意增减的错误组合

（三）任意摆放

不合理地任意摆放组合中的酒店元素位置，也会影响酒店品牌和企业形象的视觉统一性。例如任意交换标志中英文元素的位置，包括左右和上下的位置调换、元素不变位置却被任意移动等问题，都会产生混乱和主题不明确的错误。图3.53是其乐坊精品客栈任意摆放的错误组合方式，指出了标志图形和中英文字间的随意排版问题，有效指明了设计时正确摆放标志元素的标准。

图 3.53　其乐坊精品客栈任意摆放的错误组合方式

（笔者设计）

（四）更改比例和色彩

酒店组合元素中的空间比例尺寸和色彩标志组合规范从开始就已确定，其比例尺度不允许肆意更改，颜色也是依据标准色确定的，元素间不合理的比例搭配及色彩的乱用，会影响酒店品牌形象美感度和辨识度的传达。图 3.54 是木言兮主题酒店更改比例和色彩的错误组合方式，通过对标志的组合元素进行规范，统一比例关系及空间色彩关系，有助于酒店企业形象的前后统一和连贯。

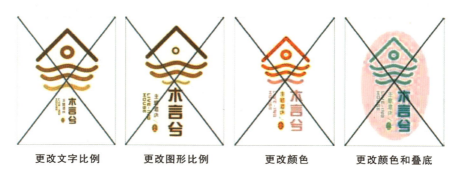

更改文字比例　　　　更改图形比例　　　　更改颜色　　　　更改颜色和叠底

图 3.54　木言兮主题酒店更改比例和色彩错误组合方式

（张宇婷设计）

1. 酒店品牌形象设计基础系统的具体内容包括哪些？

2. 酒店标志设计的步骤有哪些？

3. 酒店品牌形象设计的辅助图其提炼技巧有哪些？还有哪些新的辅图提炼方式是值得借鉴的？

4. 在酒店品牌标志元素组合规范中，哪些是常见的错误组合？

5. 如何铺垫前期酒店品牌的基础系统，才能为后续的应用系统的设计打好基础？

课后实训

题目：主题酒店（民宿、客栈）品牌形象基础系统设计

要求：

1. 本章专题实训源自第二章专题实训内容。在完成第二章主题酒店（民宿、客栈）设计的流程梳理、市场调研以后，本次实训继续对该品牌项目进行基础系统设计。

2. 针对主题酒店（民宿、客栈）进行标志设计：每组绘制不少于 10 幅标志创意草图，要求从不同的创意思路及表现角度进行绘制，标志稿件经审查后方可继续延展。最终每组提炼 1~2 稿为最终创意方案，筛选最佳方案后再进行标志定稿。

3. 针对主题酒店（民宿、客栈）进行基础系统设计：运用定稿的标志方案，绘制该品牌形象设计基础系统，具体项目包括标准标志、标志释义、标志标准制图、标准字、专有印刷字、标准色、辅助色、辅助图形、标志墨稿反白稿、标志禁用、酒店吉祥物等至少不得少于 20 项。

第四章

酒店品牌形象设计应用系统

在确定了酒店品牌形象设计的基础系统以后，设计师要根据前期设计的标志和标准字、标准色和辅助色、辅助图形等核心要素，进行酒店品牌形象设计应用系统的开发。作为酒店品牌形象设计系统的第二个程序，应用系统部分在延展的过程中，要注意避免平铺直叙、毫无形式法则地提炼元素，设计师需对酒店风格指向、文化特色、材料工艺等都有所讲究，除了对各类别应用项目精细化标注、个性化视觉表现以外，还要注意前后设计风格的统一。

酒店品牌形象设计应用系统是将标志、标准字、色彩、辅助图形等基础部分的要素，依据酒店的类型、企业文化、地域属性、服务特色，并配合策划人员凝练的文案（广告语、口号）信息，系统、综合、规范地拓展在酒店需开发使用的媒介载体上。成熟优质的酒店品牌形象应用系统，不但可以增强内部员工的凝聚力，潜移默化地激发员工的斗志和归属感，还能够提升酒店品牌的美誉度和信赖感，以此体现酒店企业文化的精神内核。具体的设计内容，主要包括酒店办公用品设计、酒店媒介宣传设计、酒店洗漱类用品包装设计、酒店公共关系赠品设计、酒店前台用品设计、酒店服装配饰设计和酒店导视系统及展示设计等，后面的小节会详细阐述（见图4.1）。

图 4.1 酒店品牌形象设计应用系统

第一节 酒店办公用品设计

办公用品对于职场工作的人群来讲并不陌生，它指的是人们在工作场所中所使用的辅助用品，其特点是应用范围广、传播力和功能性强，是所有酒店品牌形象设计必须重视的媒介之一。酒店办公用品设计是酒店企业内部员工每日必需的工作用品，对内使用率极高，对外也时刻展示着酒店的品牌形象。酒店办公用品设计的明细包含了名片、信纸、便签、信封、文件夹、资料袋、工作证、纸杯、各类票据等内容，从类别上划分有文件档案用品、桌面用品、办公设备、财务用品、耗材用品等一系列与工作相关的用品（见图 4.2）。

酒店办公用品在办公环境中是必要的组成部分。设计优良的办公用品，不但能从功能上提升员工工作效率，在展示酒店品牌形象的同时，不知不觉渗透在员工的工作环境之内，获得酒店企业内部员工对酒店文化的尊重，影响消费者对酒店企业文化的认知。酒店行业中优秀的办公用品设计，时刻传递着酒店企业的品位和涵养，将企业文化内核精神由内而外地进行扩散。

酒店办公用品品种较多，在设计的过程中，既要遵从前期基础系统中统一的设计规范和指导，也要凸显出各个用品的个性化特色。每件办公用品涉及的视觉元素（文字、图形与色彩），在经过设计师独到的审美眼光搭配之后，辅助图形搭配出不同的节奏韵律、配色方案、版式编排、别致的构图形式以及合理的留白关系，要能凸显设计作品与众不同的气质，亲切地传递出酒店文化的精神。值得注意的是，酒店办公用品设计不同于其他广告宣传用品，设计时应避免花里胡哨的排版及怪诞夸张的辅形干扰，需强调各个用具的使用功能以及办公事务的严谨性。

酒店办公用品一览

A STEP **桌面用品**
订书机、起钉器、打孔器、剪刀、美工刀（壁纸刀）、切纸刀、票夹、钉针系列、削笔刀、胶棒、胶水、胶带、胶带座、计算器、仪尺、圆规、笔筒、笔袋、台历架、会议牌

B STEP **办公设备**
碎纸机、装订机、支票打印机、考勤机、点钞机、过塑机、名片扫描仪、电话机、电脑、投影仪、复印机、传真机、打印机、多功能一体机、扫描仪、相机、摄像机、交换机、路由器

C STEP **耗材用品**
硒鼓、墨盒、装订夹条、装订胶圈、装订透片、皮纹纸、复印纸、传真纸、电脑打印纸、彩色复印纸、相片纸、喷墨打印纸、铜版纸、彩喷纸、绘图纸、全透纸、不干胶打印纸、彩机纸、彩色卡纸

D STEP **档案用品**
文件夹、报告夹、档案盒、资料册、档案袋、文件套、名片盒/册、CD包/册、公事包、拉链袋、卡片袋、文件柜、文件篮、相册、图纸夹

E STEP **财务用品**
账本/账册、无碳复写票据、凭证/单据、复写纸、用友耗材、票据装订机、财务计算器、印台/印油、支票夹、专用印章、印章箱、手提金库、号码机

图4.2 酒店办公用品主要类别和内容

一、酒店名片设计

酒店名片是酒店员工日常对外交流、信息展示首要的门脸之一，它是集"艺术"与"设计"于一体的视觉媒介：酒店标志、酒店名称、员工姓名、联系方式、资讯信息等在方尺之间，时刻展示着酒店资讯和企业文化；名片版面设计中的文字字体、图案关系、配色方案、排版方式，细微之处无不显示着酒店的品位与文化。

通常，酒店名片的类型包括横式、竖式或折叠三种，大部分以横式排版居多，单张名片涉及正面和反面两面的版式设计。名片正面的信息包含酒店标志、酒店名称、名片使用者姓名、使用者职务、使用者联系方式等，但恰恰因为名片的面积较小，版面里的信息要素较多，更要注意各要素间的主次、层次及美感等关系，以保证人们阅读的可读性和易读性。例如字体、字号、行间距、字间距产生的视觉流程和辨识度均要合理，横式名片文字的对齐方式则可采用左对齐、右对齐、左右齐行等，竖式名片的文字对齐方式可选择上对齐、上下齐行等。名片版面中的图形元素，可凝练基础系统中的辅助图形作为背景图案，配色可采用前期基础系统中的标准色和辅助色作为配色方案进行规范。名片背面的信息大都会以网址、微信二维码或简明扼要的广告语、资讯信息等内容出现，甚至有些名片的背面仅给予单色做整版不做设计，以凸显酒店品质的高级感。在名片制作的材料和工艺方面，有各类特种纸张和 PVC 材料甚至木质雕刻等新兴材料。在尺寸方面，根据酒店风格类别其设计规格也不尽相同。例如标准尺寸是 55 毫米×90 毫米，国内常见尺寸为 90 毫米×54 毫米或者 90 毫米×108 毫米，其他也有尺寸为 90 毫米×50 毫米、90 毫米×95 毫米、90 毫米×100 毫米等（见图4.3）。

标准尺寸	55 mm × 90 mm	常见尺寸	90 mm × 54 mm 90 mm × 108 mm
其他尺寸	90 mm × 50 mm 90 mm × 95 mm 90 mm × 100 mm	其他尺寸	横版: 90 mm × 55 mm <方角> 85 mm × 54 mm <圆角> 竖版: 50 mm × 90 mm <方角> 54 mm × 85 mm <圆角> 方版: 90 mm × 90 mm 95 mm × 95 mm

图 4.3　名片设计尺寸规格

在制作名片时，需充分考虑酒店品牌调性、主题内容、装修风格、地域特征和经营特色，以及名片使用者的工种和身份地位。设计师根据酒店行业的属性，以及生产成本等因素，去选择适宜的名片尺寸和样式、工艺及材质，方能制作出时尚新颖的酒店名片。

图 4.4 是椿上民宿的名片设计，结合前期辅助图形概念"椿树年轮和枝条"，突出了椿上民宿地理环境绿色生态的特点，名片正面与背面的设计在做到节奏分明、层次清晰，视效韵律统一、和谐的同时，很好地传达了酒店工作人员亲切友好的服务理念。

图 4.4　椿上民宿名片设计
（王诗瑶设计）

图 4.5 是位于杭州的飞鸟集精品民宿的名片设计，亦在打造极致美好的旅行生活空间，名片设计保留了酒店建筑特有的空灵和自然的特点，辅助图形以极简的线条配合大量留白的想象空间，给人们带来宁静自然的美好体验。

图 4.5　飞鸟集精品民宿名片设计
（罗红霞设计）

坐落于四川平乐古镇的上院精品主题酒店名片设计，采用禅意的菩提、荷叶等元素进行辅形搭配，咖系色彩配合酒店装修环境和氛围，凸显酒店品牌宁静致远的品牌调性，名片排版采用中式风格，方寸之间渗透着酒店悠久的历史文化（见图4.6）。

图4.6　上院精品主题酒店名片设计

（黄月等设计）

可域酒店是佳兆业集团投资兴建的集商务、娱乐于一体的综合性精品商务酒店。由于酒店地理位置优越，交通极其便利，周边配套成熟完善，深受商旅人士喜爱。因此，可域酒店名片设计色彩活泼跳跃、简约快捷的排版风格，反映出酒店以人为本的亲切感，以及为客人办理入住的便捷性（见图4.7）。

图4.7　可域酒店名片设计

（深圳市联合创智设计顾问有限公司设计）

世纪域景是世纪金源集团旗下的一家高端商务酒店。其名片设计基调符合其高端商务酒店定位，两种排版样式针对不同的使用者，凸显出沉稳大气、高档奢华的品牌格调（见图4.8）。

图4.8 世纪域景酒店名片设计

（心铭舍品牌设计）

位于深圳市福田区的和酒店是一家精品商务酒店。商务酒店为了凸显办公事务的严谨性原则，在名片的设计元素搭配上注重简洁、精致。名片设计以文字信息为主进行排版，色彩高级，强调名片的氛围感和高级感，极大地凸显了酒店商务的功能和特征，易于辨识和记忆（见图4.9）。

图4.9 和酒店名片设计

（张烁、王盛、何泉良、钟艺婉、张雅曼设计）

Equinox Hotels 酒店是位于美国纽约的一家豪华酒店，其经营特色是健身与锻炼，服务理念为希望住客在锻炼身体后获得尽情的放松。酒店内部装修风格在于强调摄影效果，全黑的时尚经典凸显酒店与众不同的气质。酒店标志设计的创意是将文字扩展后进行图形化设计，把字母"O"拆分成两个部分，寓意着白天（太阳）和黑夜（月亮）的抽象化寓意。因此在酒店的名片版式设计上，将标志文字拆分到版面的左上和右下，建立了优雅精致字标的同时，黑白色系搭配视觉强度极简和高雅，凸显酒店品牌的别具匠心（见图4.10）。

图 4.10 Equinox Hotels 酒店名片设计

（源于新旧品牌形象设计）

二、酒店信笺设计

酒店信笺的种类包含酒店信纸、酒店便笺纸两种。它们作为酒店员工或住客使用的专属用品，设计时需兼具功能性和审美体验。独具审美情趣的信笺设计，不但能展示酒店企业的品位和风貌，还能提升酒店的自身形象和美誉度。

酒店信纸的最常见尺寸是普通复印纸 A4 的大小，即 21 厘米×29.7 厘米。但由于需求不同，信纸尺寸规格的选择也较多。例如规格为大 16 开，尺寸是 21 厘米×28.5 厘米；正 16 开，尺寸是 19 厘米×26 厘米；大 32 开，尺寸是 14.5 厘米×21 厘米；正 32 开，尺寸是 13 厘米×19 厘米；大 48 开，尺寸是 10.5 厘米×19 厘米；正 48 开，尺寸是 9.5 厘米×17.5 厘米；大 64 开，尺寸是 10.5 厘米×14.5 厘米；正 64 开，尺寸是 9.5 厘米×13 厘米（见图 4.11）。

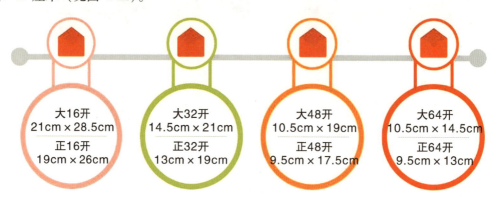

图 4.11 标准信纸尺寸规格

酒店信笺设计中版面内容主要有：酒店标志、酒店中英文名称、酒店标准色、酒店地址及联系方式、酒店辅助图形等元素。排版的时候要注意信纸的首要功能是满足书写，版面中需预留充足的书写功能区域，其余各视觉要素排列尽量集中，辅助图形的色彩铺设也应尽量弱化，将视觉空间更多留给书写字迹部分，这样才能突出功能以满足人们的阅读需求。在制作材料方面，酒店信纸一般会选择优质木浆作为原材料，为保证轻便和折叠方便,厚度控制在 80~100 克的胶版纸或轻型纸,这样选择的好处是成本相对较低,对于经济型或商务型酒店十分实用。对于豪华星级酒店或历史文化悠久的酒店,酒店信纸的选择可偏向特殊肌理的纸张(特种纸张),特种纸张凸显的气质与品牌形象的气质完美契合,可在极大程度上提升酒店品牌的格调和档次。

图 4.12 是上院精品主题酒店信纸设计,为了烘托酒店主题"禅意"的氛围,将菩提的概念以辅助图形的形式布局在信纸上方,下方以文字信息为主,中间大面积留白可方便文字书写。信纸并未采用白色的底色,而是用有色的米黄系特种纸进行呈现,将酒店贴心呵护的人文关怀流露于信纸之上。

图 4.12　上院精品主题酒店信纸设计
(黄月等设计)

汇月轩酒店的信纸设计采用了极其简约的风格,将酒店标志以黑色竖形块状垫底进行呈现,其余部分留白可供书写,符合酒店的商务气质,设计的功能性较强(见图 4.13)。

图 4.13　汇月轩酒店信纸设计
(张井之设计)

酒店便笺纸由于其尺寸规格较小,使用方便且易于收纳,在办公事务中使用率较高,常常作为速记、画草稿、留言等,无论是酒店内部员工还是客房住客使用都十分便利。便笺纸的内容和版式设计与信纸大体一致,也是需预留出足够的书写空间以方便使用。信息内容包括:酒店标志、酒店中英文名称、酒店标准色、酒店地址及联系方式、酒店辅助图形等,尺寸一般为信纸大小的二分之一、四分之一或六分之一。材料工艺方面，为了和信纸在应用上达到统一整体的效果，可遵循前期信纸选择的厚度及纸张类别。

图 4.14 的山顶度假酒店便笺设计，其尺寸是信纸的四分之一左右，正面采用酒店信息搭配大量留白的书写空间，背面则将辅助图形满铺，蓝色和白色一正一负的设计节奏，让小小的便笺纸瞬间变得趣味无穷。

图 4.14　山顶度假酒店信纸及便笺设计

(罗子涵设计)

三、酒店信封设计

酒店的信封是用来装信件的，是便于邮寄或传送的重要办公用品。信封的功能性是保护、保存信纸，隐私性和实用性极高。不同于名片的个性和独特性，酒店信封是有严格的设计标准和规格的，国家也对邮品做了详细规定，不符合规定的邮品，邮局可以拒绝服务。因此，信封设计在追求个性的同时，务必遵循其实用性，符合国家、国际标准。

酒店信封一般分为酒店企业内部专用信封、酒店企业专业信封、酒店企业专业专用西式信封等。信封设计的正面包括酒店标志、酒店中英文名称、酒店通信地址、酒店邮政编码、酒店联系电话、酒店网址等，为了增强信封视觉上的美感和层次感，可适当添加一些辅助图形和辅助色与文字信息组合排版，信封背面应有生产厂家名称、印制数量以及省级邮政局监制等文字信息。

酒店信封设计的尺寸规格可分为国家标准信封和国际标准信封两种。国家标准信封有 5 种，分别是：3 号信封（175 毫米×125 毫米）、5 号信封（220 毫米×110 毫米）、6 号信封（230 毫米×120 毫米）、7 号信封（229 毫米×162 毫米）、9 号信封（324 毫米×229 毫米）。国际标准信封规格有 4 种，分别是：162 毫米×114 毫米、220 毫米×110 毫米、229 毫米×162 毫米、324 毫米×229 毫米（见图 4.15）。材料工艺方面，可采用 80~120 克不等的特种纸张（特种纸韧性较好），或采用本色牛皮纸或白色牛皮纸进行印刷制作，它们可以较好地保护、保存信纸，同时还能凸显酒店独特的品牌文化特征。

国家标准信封规格

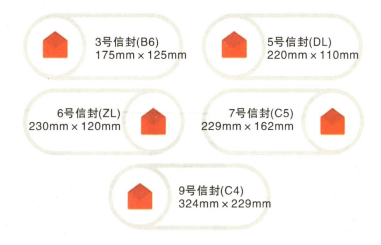

3号信封(B6) 175mm×125mm	5号信封(DL) 220mm×110mm
6号信封(ZL) 230mm×120mm	7号信封(C5) 229mm×162mm
9号信封(C4) 324mm×229mm	

国际标准信封规格

C6 162mm×114mm   DL 162mm×114mm   C5 162mm×114mm   C4 162mm×114mm

图4.15　国家标准信封及国际标准信封规格一览

　　图4.16是上院精品主题酒店信封设计，信封符合国家信封设计标准，封面标注了酒店标志、酒店中英文名称、酒店通信地址、酒店邮政编码、酒店联系电话等，辅助图形为了不遮挡书写信息巧妙地放在了信封背面。

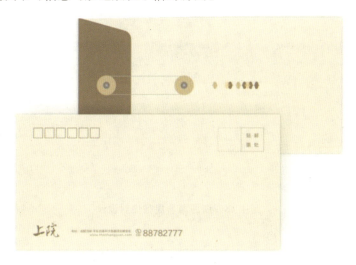

图4.16　上院精品主题酒店信封设计
（黄月等设计）

　　世纪域景酒店的信封在正面设计了辅助图形和文字信息，画面显得别致新颖。值得一提的是整个信封纸张的里面部分，以满铺的褐色为辅助色，尽显酒店奢华精致的品质（见图4.17）。

图4.17　世纪域景酒店信封设计

（心铭舍品牌设计）

　　海源雅舍民宿信封的设计风格清新舒适、细腻安静。设计灵感来源于民宿的地理位置：民宿坐落于岳麓山下，正对湘江，左边依靠后湖。因此辅助图形借助植物、花瓣、自然衍生的抽象语言等，表达了酒店对本土孕育的崇敬和追求宁静的心境。由于该信封仅供民宿内部作为功能性用品使用，可装载一些票据或者纸张，因此未按照国家信封设计标准设计，这类情况还是比较常见的（见图4.18）。

图4.18　海源雅舍民宿信封设计

四、酒店文件袋、档案袋设计

　　酒店文件袋主要供酒店内部员工办公使用。文件袋的用途极广，可用于酒店企业工作文档的整理和传递，在保护文件资料的同时，也能让办公环境井然有序，便于酒店内部员工整理、管理和阅读相关文件。好的文件袋设计能增加酒店员工工作的信心，给客户展示资料的同时还能增强酒店的信誉度。酒店档案袋主要用于存储酒店员工个人资料、酒店企业相关资料等，保护和存储的功能性极强。由于文件袋和档案袋内装的通勤纸张尺寸通常为 A4 尺寸，因此袋子大小以接近 A4 最为常见，除此之外也有230 毫米×310 毫米、330 毫米×220 毫米的规格。和其他办公用品的内容一样，文件袋和档案袋内容需标注酒店标志、主题文字（文件袋、档案袋等主题字样）、酒店中英文名称、酒店通信地址、酒店邮政编码、酒店联系电话、酒店网址等一系列元素。特别是酒店档案袋，为了方便信息的查阅及文件管理，需附上相关表格以便使用。在版面设计方面，应尽可能突出袋子的功能作用，辅助图形和配色方案应尽量避免凌乱和琐碎。材料方面，文件袋和档案袋可选择 250~350 克不等的牛皮纸或特种纸张，成本允许的情况下可考虑类似 PP 材料、PVC 材料、纸板材料等，这些材料不但能凸显酒店企业的品牌实力，对于保护袋内文件的安全感和隐私性，都能起到较好的作用。

　　图 4.19 是沙漠星星酒店的文件袋设计。文件袋封面采用简约和醒目的设计风格强调袋子的功能性，背面用表格的方式呈现文件袋的文件目次，书写清晰且方便。

图 4.19　沙漠星星酒店文件袋设计

（杨一凡设计）

　　上院精品主题酒店的文件袋设计，封面和背面分别使用了辅助图形"莲花和荷叶"的概念，虽是办公用品所用的文件袋，却满载酒店禅意的文化氛围（见图 4.20）。

图 4.20　上院精品主题酒店文件袋设计

（黄月等设计）

五、酒店茶杯、咖啡杯、纸杯设计

　　虽然茶杯、咖啡杯、纸杯作为日常办公用品，被列入酒店办公用品设计的范围，但对于酒店住客来讲也同样实用，两者的宣传作用使得它们的运用极为广泛。酒店企业方在接待宾客和酒店住客的时候，杯类用品的设计都会成为使用者对酒店的第一印象。酒店标志、酒店广告语、酒店的辅助图形和色彩搭配，通过小小的茶杯、咖啡杯、纸杯一一呈现，酒店的品牌价值被无声地传递到每一位使用者手里，美观大方的杯体设计温暖着每一位员工和宾客，弘扬着酒店亲切友善的文化精髓。

　　酒店茶杯、咖啡杯的材料通常可采用陶瓷、玻璃或不锈钢，重复使用耗损较小，但成本偏高。图 4.21 是美丰精致酒店的咖啡杯设计，调性风格低调、大气、稳重、积极，酒店标志直接呈现并无辅助图形配搭，反而给人以亲和力的感受，容易识别且易于传达。

图 4.21　美丰精致酒店咖啡杯设计

（异点设计）

在·酒店的马克杯设计由于杯型和材料的限制，杯身设计标有酒店标志，显得简约而大方。酒店为马克杯量身设计了包装盒，沿用主题房间内抽象的辅助图形元素，配合每间客房主题风格的内容展现，展现出酒店品牌生机勃勃、清新自然的文化理念（见图4.22）。

图4.22　在·酒店马克杯设计

（邱佳妮设计）

酒店纸杯由于是一次性用品，环保轻便，安全卫生，耗损虽大但成本却相对较低，一千只起购价格不过百元，均是原木浆无异味的纸张，印刷色彩清晰，光泽度也较好。酒店纸杯尺寸一般根据装水容量需求选择，例如280毫升的容量尺寸为80毫米（杯口）×92毫米（杯高）×55毫米（杯底）；330毫升的容量尺寸为80毫米（杯口）×110毫米（杯高）×53毫米（杯底）；等等，大多数酒店企业会选择成本低廉、小巧轻便的8盎司（280毫升）的容量尺寸定制纸杯（见图4.23）。

图4.23　酒店纸杯常用尺寸

坐落于黄山的檐下精品酒店，纸杯设计沿用基础系统中屋檐、柳叶、燕子等概念元素，中式的写意画风在纸杯上油然而生，搭配酒店标志排版，让人仿佛置身于酒店古风环境的氛围之中（见图4.24）。

图 4.24 檐下精品酒店纸杯设计

朴宿岛屿主题酒店的纸杯设计极具城市美感风格，复刻 20 世纪二三十年代的老派城市的摩登感，同时与现代时尚、鲜活的城市印象相结合，红绿色背景画面在纸杯上被分割，配搭酒店标志和手绘插画，小小的纸杯显得别致而有趣（见图 4.25）。

图 4.25 朴宿岛屿主题酒店纸杯设计

（栖吾品牌设计）

六、酒店工作证设计

酒店工作证是酒店内部员工在酒店工作的证件，它是一个酒店企业形象和认证的标志，有利于识别员工的身份和职务，时刻体现酒店的亲和力和规范性，通常具备"方便、简单、快捷"的特点。工作证常见的形式有横式和竖式两种，横式证件通常用挂夹固定在服饰的胸前，竖式证件有挂绳可挂在脖子上。线上平台均可根据设计好的工作证版面进行定制。酒店工作证大致由卡套、内页、挂绳三个部分构成。竖版卡套尺寸为 70 毫米×110 毫米，内页尺寸 54 毫米×85 毫米；横版卡套尺寸为 100 毫米×80 毫米，内页尺寸 85 毫米×54 毫米；挂绳平铺尺寸 900 毫米。卡套多为 PVC 材质，颜色多种多样均可选择（见图 4.26）。定制的工作证具有防水、色彩丰富、韧性大不易变形的特点，成本较低，价格便宜，性价比高。在设计酒店工作证的时候，版面信息内容需附上酒店标志及名称、使用者照片粘贴处、"工作证"字样，使用者的姓名、职位、编号等信息也应在证件上清晰体现。

图 4.26　酒店工作证横竖版参数信息

　　山顶度假酒店的工作证采用竖式 PVC 材料的方式制作，文字信息功能明确，颜色符合酒店品牌形象基础部分中标准色的配色方案，设计风格显得沉着、简约（见图 4.27）。

图 4.27　山顶度假酒店工作证设计

（罗子涵设计）

蚂蚁窝民宿的工作证除基本信息外，还标明了工作证须知等文字信息内容，制作采用双面透明卡套，证件画面为铜版纸材质，易于印刷和书写，制作成本经济实惠，效果较好（见图 4.28）。

图 4.28　蚂蚁窝民宿工作证设计

（欧力设计）

第二节 酒店媒介宣传设计

酒店媒介宣传设计对酒店商业运作起到了巨大的助推作用。在各类新兴媒介日新月异发展的情况下，传统的公共媒体广告宣传仍然不可替代。传统公共媒介包括酒店海报、酒店宣传册、酒店类杂志广告、酒店广告等，新兴的酒店媒介（新媒体）包括酒店网页、酒店类 APP、酒店公众平台宣传等（见图 4.29）。无论是传统还是新型的媒介宣传，都是酒店广告的基本载体，它们覆盖着社会各个场所的主要信息宣传渠道，有效地辅助酒店形象及酒店产品有目的、有计划地推广宣传，极大地便利了酒店企业和消费者之间的沟通，在最大限度上赢得客户，占领市场。同时，酒店媒介宣传设计也可以扩大酒店的知名度和美誉度，建立良好的酒店品牌信誉。

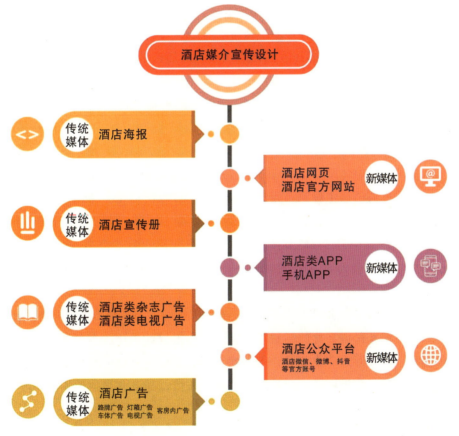

图 4.29 酒店媒介宣传设计内容

在酒店媒介宣传设计的内容架构里，无论版面是简约还是复杂，始终包含了常规的视觉元素：图形、文字、色彩。前期的基础部分已经构建完成的内容有：酒店标志、酒店标准字、酒店标准色、酒店辅助色、酒店辅助图形，这些内容已经涵盖了版面中的图形、文字、色彩三个视觉元素板块。设计师根据酒店的品牌理念、服务特色、产品内容等诉求点，将基础部分已有的视觉元素作为根基，再增加一部分文案信息（这里主要是广告语和说明文字），最后根据不同的媒介载体的特质和尺寸，遵从版式设计的原则和规律去编排版面，配合丰富的创意和强有力的视效，紧紧抓住消费者的眼球。

一、酒店海报设计

"海报"是一种极为常见的招贴形式。酒店海报是酒店企业使用率最高、最便捷、最经济的传统媒介手段。海报上的内容一般根据两种需求去设计，一种是纯粹用于宣传酒店品牌，包括品牌的理念、文化、价值、历史等。还有一种是偏向功能性设计的海报，例如节日节气类活动的海报、打折促销的海报、推广酒店产品的海报。海报版面的基本内容务必要有酒店标志、酒店资讯方式等，还可根据前面提到的需求添加广告文案（广告语和说明文），文案语言尽量要求简明扼要。图形部分可采用基础部分已完成的辅助图形，也可设计一些与文案相关的主视觉形象（摄影图片、各类风格插画均可）。色彩方面务必遵从基础系统里的标准色和辅助色关系搭配，版式上根据基础部分的基调去把握风格，强调视觉强度、画面新颖美观。

IU 酒店是铂涛集团推出的互联网概念酒店。酒店内的住宿体验有微信互动系统，手机、平板、电视多屏互动系统，提供个性化定制服务。酒店特色是植入消费者有需求的互联网基因，亦在打造符合现代年轻人需求的消费者定制互联网酒店。比如 IU 酒店针对母亲节量身定做的海报设计系列，主题内容从酒店的"陪伴性"角度出发，广告语为："妈妈，这一次换我陪您。"海报画面突出亲密的母女关系，用陪伴和快乐表达爱与温存的母女情分，贴心温情地传递出 IU 酒店为母亲节的感恩助力。

三亚美高梅度假酒店主题海报设计的内容，是以中国传统二十四节气为题材来进行编排设计的。一年四季，春夏秋冬共十二个月，每月两个节气，每个节气均有独特含义。酒店海报根据节气的自然节率变化，以摄影照片的形式为主，相应呈现酒店海滩、绿植环境和人物动态的丰富变化，无时无刻不体现着酒店四季相伴住客的温暖关切。

四川省成都市的成都金河宾馆，坐落于成都市中心，与成都市人民公园隔街对望，是一座极具蓉城市井民俗文化的四星级宾馆。其海报设计采用深蓝色版画风格表现插画艺术的美感，设计形式非常新颖，趣味盎然。画面中的题材元素紧扣酒店品牌设计定位，无论是成都的建筑风貌，还是巴蜀的风土人情，都淋漓尽致地体现了"金河宾馆、金河之上"的蓉城风情（见图 4.30）。

图 4.30　金河宾馆主题海报设计

(赵爽设计)

　　沙漠星星酒店地处宁夏回族自治区沙漠，酒店预定率常年位于西北精选酒店排行榜首列。这座沙漠中的酒店以体验无垠大漠、长河落日的风光为设计特色，海报画面运用沙漠、星星、月球等环境关键词作为主题延展，设计风格高度提炼归纳了沙漠场景元素，向住客展示出宽广无垠、苍茫浑厚的大漠感受（见图 4.31）。

图 4.31　沙漠星星酒店海报设计

(杨一凡设计)

　　IU 酒店"IU 暑期狂欢季"主题海报设计，主打"冒险有万种可能、出发探寻世界热爱的旅行季"的广告语，推出"即日起预定享受 85 折扣"的促销优惠，亦在吸引年轻消费群体出行和入住。海报版面风格青春活泼，黄色和黑色作为主色搭配令视效洋溢出青春动感，插画人物活力四射，充满运动风格，整个海报绽放出年轻消费者在夏暑的生机与活力（见图 4.32）。

图 4.32　IU 酒店"IU 暑期狂欢季"主题海报设计

常见的酒店海报印刷方式有喷绘、印刷、快印，但市场上以喷绘海报的方式居多。喷绘海报又称高清写真海报，由于价格经济实惠、色彩鲜艳、清晰度高，使用较为频繁。材料多为写真相纸、520 喷绘布、550 喷绘布、网格布、刀刮布等，亦可采用撕掉后即可贴的 PP 背胶粘贴，覆光亮的光膜或雾状的亚膜。海报常用尺寸分为 787 毫米×1092 毫米（对开）、390 毫米×543 毫米（四开）、271 毫米×390 毫米（八开）三种（见图 4.33）。

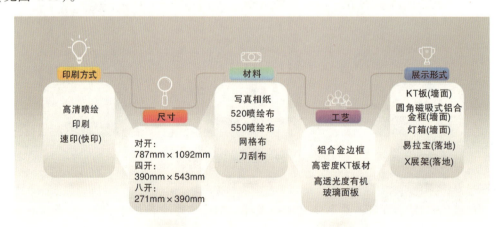

图 4.33　酒店海报制作方式

喷绘海报可安装在 KT 板、圆角磁吸式铝合金框、灯箱、易拉宝、X 展架等载体中。现在流行的圆角磁吸式铝合金边框海报，采用高密度 KT 板材制作而成，高透光度有机玻璃的面板清晰地展示出海报画面，铝合金材质环保耐用，常见于酒店电梯厅内、酒店客房走廊、酒店大堂、酒店餐厅等公共场所，而在酒店大堂的入口处，大都会使用物美价廉的易拉宝或 X 展架作为海报载体进行宣传。

二、酒店宣传册设计

在酒店品牌形象设计应用系统中，大到经济商务、星级类型的酒店、宾馆，小到主题类的民宿或客栈，都需要设计一本整合了酒店企业特质、内涵和风采的宣传册。特别是对于远道而来不了解酒店品牌的住客来讲，宣传册用最直接、最具象的视觉语言，概括了酒店的品牌理念、历史文化、风土人情、地域风貌、产品特色、服务范围等内容。具体来讲，酒店宣传册不但可以宣传酒店品牌文化，还可以提供各种酒店产品的促销及优惠信息，激发住客的购买欲望，鼓励住客再次亲临惠顾。作为公共媒介资源，酒店宣传册可摆放在酒店大堂前台，也可放置在酒店客房内供客人翻阅。

常用的酒店宣传册规格为 A4，尺寸为 210 毫米×285 毫米，比 A4 小一圈的还有 B4，尺寸为 260 毫米×185 毫米。高档大气一些的宣传册的规格为 370 毫米×250 毫米。方型尺寸的开本尺寸一般有 3 种：210 毫米×210 毫米、250 毫米×250 毫米、285 毫米×285 毫米。由于宣传册页数不同，版面的数量也不同。从印刷成本来讲，分为精装和简装两种。精装版本的宣传册包括封面、封底、环衬、扉页和内页。简装版本的宣传册由于折叠方式的原因，例如对折页、三折页、四折页，结构相对简单，仅有封面、封底、内页三个部分。酒店若想要经济实惠，材质可选用双胶纸和铜版纸，但也有很多豪华星级酒店采用特种纸印刷，凸显高级奢华（见图 4.34）。

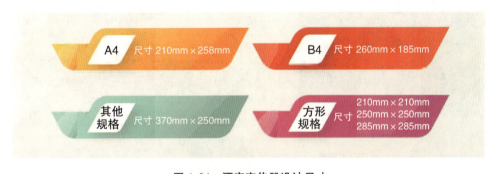

图 4.34　酒店宣传册设计尺寸

酒店宣传册的封面、封底务必将酒店标志、酒店资讯信息、酒店广告语等元素清晰地展示出来，内页部分则结合住客诉求和酒店需求，刊登酒店的品牌理念、企业文化、服务项目、产品特色、促销信息等文字和图片元素。构图形式需把握变化与统一、对比与均衡、节奏与韵律的设计形式法则，遵从前期基础系统已确定的标准字、专有字体、标准色、辅助色、辅助图形作为指导路径即可。

山顶度假酒店的宣传册设计，结构方面选择了简单的三折页进行设计，深蓝色系的颜色沿用了前期基础系统标准色的配色方案，显得大气简洁。内页设计版面风格清新、简约，重点突出酒店信息的功能作用，清晰完整地展示了酒店的内容和资讯（见图 4.35）。

图 4. 35　山顶度假酒店三折页宣传设计

（罗子涵设计）

图 4. 36 是其乐坊精品客栈折页宣传设计。客栈委托方在宣传册中需要表达的板块较多，包括客栈的简介、交通路线、设施服务、安全须知、应急指南等文字信息。排版的元素内容紧凑丰富，图片则以酒店照片居多，四组蜀锦图案辅助图形作为配角烘托版面节奏，色彩依旧沿用基础部分的标准色和辅助色作为配色方案，直观鲜明地提升了客栈广告宣传的效果。

图 4. 36　其乐坊精品客栈折页宣传设计

（笔者设计）

Grand Vetus 酒店设计风格强调对自然的尊重，且装饰艺术线条在设计中占有主导地位。Explicit Design Studio 被委托为酒店做品牌形象设计，酒店形象宣传册采用精装版本进行装帧，封面采用印金加凹凸工艺，图形方面意图创造装饰性的线条徽标，包括建筑、植物、水泉等元素，体现出向上的延伸精神。内页设计排版，意图在酒店的自然生态环境中寻找图形的象征意义，包括酒店的环境照片以及经营理念，在选择色系搭配时，采用了象征绿松石的绿色，整本宣传册散发出品牌郁郁葱葱的激情和生命力（见图4.37）。

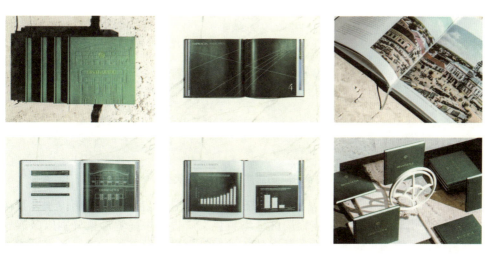

图4.37　Grand Vetus 酒店宣传册设计

（Explicit Design Studio 设计）

三、酒店广告设计

酒店广告设计是能为大多数消费者接受的企业宣传手段，设计团队通过广告这种形式，让消费者直观深入地了解酒店品牌、酒店产品，用最短的周期、最快的速度、最广泛的范围，实现酒店信息传达的实现。狭义的酒店广告类型主要包含酒店路牌广告、酒店灯箱广告、酒店车体广告、酒店报纸杂志广告、酒店电视广告等。但由于近几年纸质报纸和杂志逐渐退出传统媒介的舞台，本节重点介绍目前宣传频率更高的媒介手段，包括酒店路牌广告、酒店灯箱广告、酒店车体广告、酒店客房内广告、酒店电视广告五大类（见图4.38）。

酒店路牌广告均在户外，也称户外广告牌，指的是在高速公路、交通要道两侧进行宣传的广告牌。路牌广告可分为双面广告牌、三面广告牌、景观广告牌，尺寸一般是3∶1的比例，例如6米（高）×18米（宽）、7米（高）×21米（宽）、8米（高）×24米（宽）等。画面通常采用高清喷绘布进行制作，由于其即时性较强，人们可驻足观看或车辆行驶过程中也可看到。由于户外广告的观看会存在偶然性，设计的时候需注意营造出奇制胜的新颖感及视觉强度。

图 4.38　酒店广告设计常见类型

　　图 4.39 是藏族歌舞艺术主题酒店在户外的双面立柱广告设计。酒店位于九寨沟景区内，为了突出酒店主题和藏族聚居区地域特色，广告中主视觉形象分别以藏族姑娘和小伙跳歌庄舞蹈为灵感而设计：藏服的衣袖舞动出类似丝带的灵动线条，纵横交错的曲线造就藏舞的豪迈和热情。配色方案使用藏式经典的红色和金色，在高速路上视觉效果突出，吸人眼球（见图 4.39）。

图 4.39　藏族歌舞艺术主题酒店户外双面立柱广告
（吕杨倩设计）

　　酒店灯箱广告的坐落方式既可以是立式，也可挂于酒店户外的墙面上，在夜晚具有独特的魅力和吸引性，具有画面丰富、远视效果强、兼容性和固定性好的优势。酒店的灯箱广告主要使用于道路、街道两旁，抑或是靠近酒店附近的商业闹市区、公共交通的车站、机场、码头、公园等公共区域。卡布灯箱一般定制较多，材料多为铝合金边框或不锈钢边框、LED 灯光源，面板为钢化玻璃或有机玻璃、UV 喷绘技术画面灯片。灯箱常规尺寸为 1 220 毫米×1 830 毫米和 1 220 毫米×2 440 毫米。

瓦当瓦舍旅行旅宿酒店的灯箱广告设计（立式），选择了较为繁华的商业街道，无论是利用白天的自然光线还是黑夜的灯箱辅助光线，都能吸引路人的目光，视觉效果强烈的同时，也能渲染酒店经营的产品信息，激发消费者入住的欲望，强化广告宣传的特殊印象（见图4.40）。

图4.40 瓦当瓦舍旅行旅宿酒店（立式）灯箱广告
（罗海珍设计）

杭州莲遇（Lotus Glade）酒店地处曲院风荷风景区，距离武林广场及杭州城站火车站仅15分钟车程，交通十分便利。杭州莲遇酒店拥有各式精致客房，部分房型拥有私人露台和花园，环境宁静雅致、温馨安逸。酒店灯箱广告挂于酒店户外墙体，设计风格简约大气，仅出现酒店标志在灯片画面，为夜晚住客寻找酒店位置提供了便利（见图4.41）。

图4.41 莲遇（Lotus Glade）酒店（挂式）灯箱广告

酒店车体广告也叫车身广告，主要指的是在城市陆地的交通运输工具上，包括汽车、公交车等车身外观制作的广告。汽车除了运输货物与人以外，还起到了广告宣传的沟通作用。酒店企业有效地利用汽车车身做广告，无论是对企业内部员工还是酒店住客、街上的行人而言，均起到了美化和宣传酒店品牌形象的作用。车身设计的时候需要注意一些与其他应用项目不同的细节。首先是视觉效果的强度，例如汽车独有的运动的特性，要求设计的视效性和识别性较强，酒店的标志、资讯信息及色彩搭配都需要醒目和强烈，才能最为有效地放大流动广告的视觉效果。其次是设计的统一性，酒店车身广告的设计务必遵从品牌形象设计基础部分划定好的风格和原则，无论是图形和文字还是版式，都要符合前期整体规划的调性。一般来讲，车身广告的有效可视范围大于 270 度，其中车身左右两侧的广告面积是最大的，车头和车尾可做广告的面积较小，可做画面的空间相对较少。车身广告制作的材料多为喷绘的不干胶车贴，防水防晒也不易褪色。

坐落于四川天府之都——成都市锦江区的成都山水间·古迹酒店，紧邻春熙路太古里、太升路，毗邻天府广场、宽窄巷子、武侯祠、锦里等成都市著名旅游景点。这家酒店是由清末三进三出的老院落改建而成的星级奢华酒店，以其独特的视觉语言，保留建筑传统古朴的川西民居风格，与时俱进地融入现代设计理念。图 4.42 的山水间·古迹酒店运输汽车车身广告设计风格古朴简约，仅在小货车车身面积较大处标注了酒店名称及地址等资讯信息，辅助图形也做到了尽量简化，以此突出设计主体文字，吸引路人关注，推广酒店品牌形象宣传效果较好。

图 4.42　成都山水间·古迹酒店运输汽车车身广告
（徐庆庆设计）

位于摩洛哥的安缦珍纳（Amanjena）度假酒店被誉为隐士天堂。Amanjena 意为宁静的天堂，颇有点世外桃源的感觉。酒店整体设计借鉴了传统的摩洛哥建筑风格，与周围的橄榄果园、柏柏尔人的村庄，以及阿特拉斯山脉交相辉映。酒店装修充满柔和的沙漠色彩，将北非情调与安缦独有的隐世气质天衣无缝地结合在一起，打造出玫瑰色的天堂。安缦珍纳度假酒店公交车车体广告设计，将酒店的地域特色"异域风情、宁静的天堂"作为车身主打广告语，并添加酒店标志和酒店资讯信息，辅助图形采用酒店环境椰树的叶片作为装饰，美化车身的同时也传递了品牌世外桃源的文化内涵（见图 4.43）。

图 4.43　安缦珍纳度假酒店公交车车体广告

（许倩倩设计）

　　酒店客房内广告指的是住客房间内出现的广告宣传。例如餐饮服务的点餐单（牌）、酒店客房服务的指南、客房墙面服务的留言板、各类温馨提示牌等。

　　图 4.44 是上院精品客栈客房内服务指南设计。指南延续了酒店品牌形象基础部分的色彩搭配和版式风格，强调了服务指南的功能性作用，为住客住店生活出行都提供了便利。

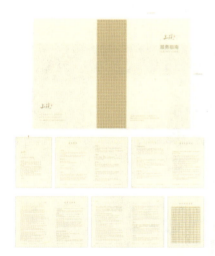

图 4.44　上院精品客栈客房内服务指南设计

（黄月等设计）

　　希尔顿欢朋酒店是希尔顿旗下的国际中高端商务连锁酒店，酒店品牌理念秉承"友善、可靠、关怀、周全"的核心价值观，酒店整体装修设计风格清新明快、热情活泼，无时无刻不在为住客提供舒适、欢畅、愉悦的情感体验。为此酒店特别暖心地在每个客房内的墙面制作了"服务留言板"区域，包括交流情感的留言即时贴、赚取酒店积分的活动通知、预订酒店到车站接驳的汽车价格表等。这些留言板的信息可以根据酒店住客的需求随时更换，客人书写、拿取较为方便，这些设计传递出酒店经营者友好亲切的待客之道（见图 4.45）。

图 4.45　希尔顿欢朋酒店客房服务留言板
（墙面）

　　希尔顿欢朋酒店在每间客房均设置有各类温馨提示牌，这些提示牌对于酒店住宿的人群来讲提供了不少便利。例如，"清洁提示牌"显示各类用具已经清洁到位；"防诈骗提示牌"提醒住客谨防电话骚扰或诈骗；"扫码连 WIFI 牌"告知住客 WIFI 密码的获取方式；"环保使用牌"提示客人节约酒店资源、提升环保意识等。设计的时候除了将文字信息有效地组织管理外，颜色依旧遵循酒店基础部分的标准色和辅助色配色方案，空白处适当添加相关的图形图标即可（见图 4.46）。

图 4.46　希尔顿欢朋酒店客房各类温馨提示牌

　　Fairmont Hotels&Resorts（费尔蒙酒店及度假村集团）是全球超过 60 家地标性的豪华酒店，总部位于加拿大的安大略省多伦多。这个国际酒店品牌一直以其亲切贴心的服务及丰富的文化特色而著名，古典浪漫主义的酒店装修充满着传统和典雅的气息。酒店品牌的核心理念是让美好时刻永留客人记忆中，品牌承诺为客人提供无与伦比的接待环境、纯正的当地文化体验、无微不至的周到服务。因此，酒店为客人贴心准备了请勿打扰挂牌、打扫卫生挂牌等，以不同的色系代表不同的挂牌功能，挂牌版式风格简洁易懂，重点强调挂牌的功能性，客人使用起来方便快捷，使用率极高（见图4.47）。

图4.47 Fairmont Hotels&Resorts 客房门挂牌设计
（源自新旧品牌设计）

图4.48是城南朴宿民宿的客房温馨提示，装修环境富有格调，提示门牌的造型与设计别具一格，为住客清理、打扫客房卫生等需求提供了方便。

图4.48 城南朴宿民宿的客房温馨提示

四、酒店新媒体设计

党的二十大报告强调"实施科教兴国，强化现代化建设人才支撑"。中国构建高质量教育体系，需要在推进教育数字化、信息化，全面赋能教育上下功夫。由于全球互联网、云计算、人工智能、数字技术正悄然地改变人类社会的生产方式、生活方式、教育方式，推进信息技术、数字技术、人工智能技术向教育领域的转移，全面赋能学校教育，是当今中国推动教育形态的深刻变革。酒店品牌形象设计应用系统中的新媒体设计，正是培养酒店现代化人才建设的有效保障。

新媒体最早起源于美国，是英文"New Media"的直译。广义的新媒体类型包括互联网新媒体、手机移动媒体、终端卖场的视频媒体等。国内的酒店新媒体用得最为广泛的目前还是手机移动媒体机和互联网新媒体，例如酒店网页设计（酒店官方网站），酒店类 APP 设计（携程、去哪儿、蜂窝、美团、大众点评），酒店微信、微博、抖音等公众平台宣传等（见图 4.49）。

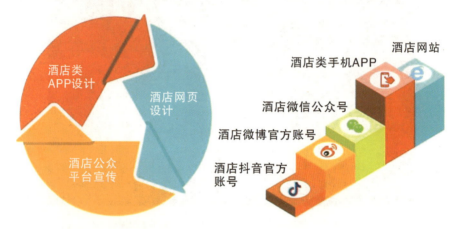

图 4.49　酒店新媒体设计类型

新媒体的优势是交互性极强，独特的网络介质使得信息传播者与接受者的关系密不可分，互联网大数据分析的强大功能打破了媒介与消费者之间的壁垒，消融了媒体介质之间、地域行政之间甚至传播者与接受者之间的边界。目前，酒店新媒体具有传统媒介无法比拟的优势。首先，利用大数据对大量消费者提供产品或服务，全面分析客户的行为偏好，并进行精准营销策略，方便酒店企业制订下一步的营销规划方案。其次，新媒体形式多元化、个性突出的同时博人眼球。其接收方式由静态跨越到动态，具备活力和灵活性，突破了过去因地域和电脑终端带来的限制，甚至某些新媒体还设置声音和振动的声感、触感提示，大大增加了客户身临其境的场景感。最后，新媒体能做到与实时新闻同步，最大限度上体现出信息发布的时效性。

（一）酒店网页设计

在互联网高速发展的今天，网络已成为人们不可缺少的一部分，也是人们获取信息资源的首要途径。酒店网页的主要作用是将用户需要的信息资源，采用一定的手段进行组织后，通过互联网呈现给用户，这个新兴的媒介正逐步取代报纸、杂志、广播、电视等传统媒介的地位，用更高效便捷、无边界的语言传播各类品牌的信息。本章节主要讲解的网页宣传形式是酒店网站。

酒店网站的网页设计，需要根据各个酒店的品牌属性进行安排和布局，不同类型的酒店，其品牌理念、服务范围、经营特色都有所不同，其文字的级别分布、图片的大小处理、导航功能的布置都需要进行有序的规划。原则上酒店网站的设计风格应延续酒店品牌形象基础部分确定的风格特质，美观大方、新颖独特的设计魅力，也是满足网站浏览者点击的重要因素。而凸显酒店信息的功能性是最为首要的设计法则，例如网页的分区是否简明扼要，首页和第二、三级页面的层级划分是否合情合理，页面阅读的流程是否符合阅读习惯，网页的动态链接是否灵活，网页中的信息更新是否及时等。网站的页面在布局的时候，通用的主要类型包括国字型、标题正文型、T结构布局、口型布局、三型布局等，初学者可将色彩、文字、图片（图形）三元素依据这些布局类型进行简单套用，后期再进行细节延展。

图4.50是希尔顿酒店及度假村官方网页的设计。希尔顿酒店作为国际知名酒店，致力于实现"让世界充满阳光和温暖，让宾客感受希尔顿的热情好客的愿景"，其在全球119个国家和地区拥有6 400多家酒店，会员超过1.12亿人。酒店网页设计风格秉承酒店品牌的愿景和宗旨：大气稳重。蓝色系列作为标准色搭配酒店不同场景的真实照片，科学合理、详尽细致的文字、图表对信息进行分区和链接，让消费者足不出户就可以在互联网上了解酒店所在国家、城市、房型的信息，方便快速浏览并订购酒店，极大地提高酒店入住率和销售率，也吸纳了潜在客户对希尔顿品牌的认知度。

图4.50　希尔顿酒店及度假村官方网站

洲际酒店集团（InterContinental Hotels Group PLC，IHG）是全球化的高端酒店集团，"洲际"旗下的酒店品牌有洲际酒店及度假村（InterContinental Hotels & Resorts）、假日酒店及假日度假酒店（Holiday Inn）、皇冠假日酒店（Crowne Plaza Hotels）、智选假日酒店（Holiday Inn Express）、英迪格酒店（Indigo）。洲际酒店集团的"洲道服务"是为每一位远道而来的宾客献上专属服务，从语言沟通、酒店设施、餐饮娱乐等各方面为宾客的异国之旅设想周到。酒店所属的八项服务包括：中文服务、银联刷卡、酒店及周边中文导引服务、会员免费网络、特选中文频道、便利日常用品、醇香中国茶及中式精选早餐。因此，酒店集团在网页设计的界面分级上，非常清晰准确地标明酒店集团旗下各个酒店的品牌、地图分布、区域特色、服务范围、房型类别及价格，以此供全球消费者在线浏览、咨询、订购。网站的页面设计风格秉承集团高端大气、时尚现代的基因风格，界面布局图文并茂，表述简洁清晰，图表逻辑严谨，对于酒店的订购和品牌的推广都起到了高效的促进作用（见图 4.51）。

图 4.51　洲际酒店集团（IHG）官方网站

（二）酒店类 APP 设计

APP 一般指的是安装在手机上的智能软件，为用户提供更加丰富多元的使用体验。伴随智能手机在全球范围的普及，用户可自行在手机上安装第三方提供的各类软件。就目前旅游市场来讲，酒店旅游行业类 APP，深受年轻群体消费者的青睐。各家酒店纷纷研发了自己的 APP，例如锦江酒店 APP、亚朵酒店 APP、IHG 洲际酒店 APP、如家酒店 APP、万豪酒店（Marrtott）APP 等。同样还诞生出一系列旅游酒店订购 APP，包括同程旅行、携程旅行、飞猪旅行、去哪儿旅行、小猪民宿等。还包括一些全球性知名的酒店订购 APP，比如 Agoda 安可达-全球酒店住宿预定 APP、Booking. com 缤客-全球酒店旅行预定 APP。酒店 APP 作为新兴的酒店品牌形象媒介，快速高效地缩短了酒店企业与消费者之间的距离，实现了酒店品牌宣传、产品推广的利益最大化。消费者只要在有网络的情况下，就可随时随地通过手机、平板电脑等个人移动终端，选择自己心仪的酒店进行住宿和旅行，便捷快速地提升了商旅效率。对于手机类 APP，设计的时候需要注意，由于手机界面的面积有限，但酒店的信息量往往较大和丰富，设计师务必注意信息的主次关系，调整好信息分级，尽可能设计形式感强、阅读性高、趣味性强的 APP 界面（见图 4.52）。

香格里拉酒店的名称寓意源于中国藏域群山中的世外桃源，酒店企业经营理念为"热情好客，亲如一家"。香格里拉酒店的文化系统传承了中华待客之道，酒店装修风格以清新的林园美景、富有浓厚亚洲文化气息的大堂特征闻名于世。手机 APP 界面设计赋予东方古典美的设计风格，传递了酒店亲切、和谐、自然美的品牌文化精髓（见图 4.53）。

酒店APP		酒店类订购APP	

亚朵	首旅如家	去哪儿旅行	Booking.com
 IHG			
IHG	锦江酒店	飞猪旅行	同程旅行
香格里拉	万豪酒店	Agoda安可达	携程旅行

图 4.52　酒店类手机 APP 合集

图 4.53　香格里拉酒店手机 APP 界面设计

　　亚朵酒店是中国连锁酒店的高端品牌，酒店经营理念从住宿出发，向追求品质生活的消费者传递人文、温暖、有趣的生活方式，以此推广其优质产品、服务与体验，塑造和完善人们的未来生活。为了推广"让人与人更有温度地连接"的酒店品牌文化价值观，其 APP 设计从标志语言便开始逐步优化精简，手机的界面设计清爽、温暖，更适合于消费者利用手机阅读、浏览、订购，时刻传达舒适、简约、有温度的设计寓意（见图 4.54）。

图 4.54　亚朵酒店手机 APP 界面设计

（三）酒店公众平台宣传

　　酒店网络公众平台作为较为高效、低廉的传播媒介受到酒店企业方的青睐，其优势是传递品牌文化，强化品牌形象，并采用智能定向让更多消费者参与品牌活动，实现品效合一。酒店网络公众平台的媒介类型主要包括微信、微博、抖音等。现在很多酒店都开通了微信公众号、微信小程序、新浪官方微博、抖音官方账号等，企业方可结合自身的特点和需求，根据营销策略精准定制媒介的网络推送，通过平台每日的推送和迭新，随时随地实效宣传，其及时性和普遍性极高。酒店策划团队巧妙地运用特殊的新媒体语言，讲述自己的品牌故事和文化，利用新颖唯美的图片、感染力极强的文案、亲切和蔼的色彩等元素，结合设计师浑然天成的版式设计，在各类推文中形成消费者对品牌的信赖与忠诚。

　　微信公众号是酒店企业在微信公众平台上申请的应用账号，此账号平台上可以实现和酒店住客或员工关于文字、图片、语音、视频等全方位的沟通和互动，形成一种受众面广、用户黏性强的线上线下互动营销方式。图 4.55 是位于三亚的艾迪逊酒店微信公众号。艾迪逊酒店是伊恩·施拉格（Ian Schrager）打造的生活时尚类酒店品牌，品牌理念诠释了新一代酒店的奢华概念，为宾客呈献了超乎想象和个性化的定制服务。酒店设在英国伦敦，美国迈阿密、纽约，中国三亚、上海等地，其装修风格别具一格、独树一帜，极具个性和时尚品位。酒店微信公众号的界面推送，意图传达简约细腻、风雅精致的个性化体验。公众号的内容分类有三个版块，包括探索发现（探索艾迪逊、艺趣 LAC、酒店地图、酒店周边）、快速预订（订房、微商城、酒店拍摄范围、海滩烧烤排位查询）、More（点评、免税折扣、订单查询）。除了常规的预订功能以外，酒店会根据节日、主题活动、促销折扣等需求，不定期推送图文并茂的软文或短视频，订阅者还可以在留言区写留言，以此表达对酒店的情感和寄语（见图 4.55）。

三亚EDITION艾迪逊酒店　　　　　三亚EDITION艾迪逊酒店
微信公众号首页展示　　　　　　微信公众号住客留言

图 4.55　三亚艾迪逊酒店微信公众号

抖音是由字节跳动孵化的一款音乐创意短视频社交软件，用户可以通过这款软件选择歌曲，并拍摄音乐作品以形成自己的作品。近几年抖音凭借其高效的传播速度、可视化的数据效果、用户精准、互动性强以及入驻门槛和运营成本低的优势，逐步取代了传统的营销媒介。万豪国际酒店集团旗下的山海天傲途格精选酒店，是一家针对年轻人群的集奢华、时尚、休闲、度假、体验于一体的新兴酒店。酒店装修设计以高级时尚为灵感，荟萃意式优雅、法式时尚、英式华丽和美式经典四款鲜明风格，彰显四大设计美学。酒店的抖音官方账号根据酒店的服务特色、产品类别、促销活动等主题内容，其作品形式分别以拍摄短小精悍的音乐视频为主，配以解说旁白，不定期在抖音平台进行网络推送。浏览者通过大数据的精准筛选，可以关注官方账号，甚至订购酒店产品，以此更加深入地了解酒店的时讯新闻、品牌文化，并互动留言以此表达自己对酒店的情感和诉求。

微博是通过关注机制，对用户的信息进行分享、传播以及获取的社交媒体和网络平台。由于近年互联网的蓬勃发展，新浪微博以其便携性、传播性、原创性的优势迅速占领了媒介和网络市场。美高梅酒店源自美国拉斯维加斯，集世界顶级的餐厅、水疗、娱乐于一体，充满活力、个性、热情的风格。三亚美高梅度假酒店官方微博账号的推文，根据酒店的服务、产品、特色去制定软文、图片、视频推送，界面设计热情大方不失稳重、活力四射，用唯美的酒店实景照片配以优雅的文案，将酒店的实时资讯推送到大众视野，粉丝们在作品下面的互动率较高，宣传及推广效果很好。

第三节　酒店洗漱用品设计

　　酒店洗漱用品设计既是酒店品牌形象设计应用系统的重要组成部分，也是酒店客房内洗浴间区域中客人的必需用品。洗漱用品在给住客提供便利的同时，也是宣传和塑造酒店品牌、展示酒店企业文化内核的重要媒介。目前国内酒店内大部分洗漱用品均为酒店免费提供，仅有少部分的经济型酒店、规模较小的民宿客栈需要住客付费使用。因此，设计师在进行洗漱用品包装设计时，要注意遵循材料工艺的绿色环保、图案版式的经济适用原则。这里介绍的酒店类洗漱用品主要属于酒店客房洗浴间的空间内，包括酒店洗漱用品包装、其他日用品等一系列设计（见图4.56）。

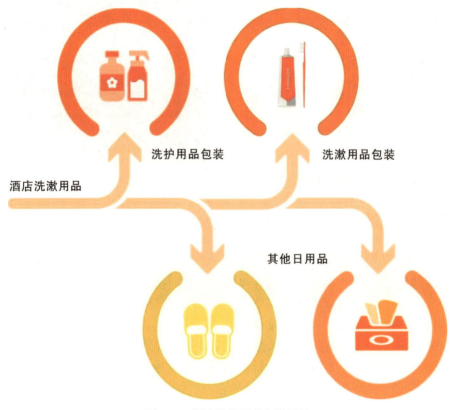

图 4.56　酒店洗漱用品包装设计

一、洗漱用品包装设计

　　包装的首要功能是保护商品、显示性能以及便于运输等，酒店类洗漱包装不但具备以上基本功能，而且是塑造酒店品牌形象、展示和推广酒店品牌的无声推销者。酒店类洗漱用品包装的类型不同于市场上的商业包装那么丰富多样，由于其属于酒店品牌形象设计的范围之内，主要以系列包装的形式出现。系列包装设计也并非用不变的样式去套用不同尺寸做包装结构，而是在图形、文字、色彩、结构上，达到统一与变化的效果。在设计酒店洗漱用品包装的时候，设计师还需要考虑酒店包装放置的装修环境、酒店品牌的内涵气质、包装的设计定位、包装的创意方向、系列包装的整体性五个重要因素。酒店洗漱用品包装在遵循前期品牌基础系统基调的同时，还应具备较强的酒店品牌基因特征，在充分展现品牌和产品魅力的同时，加强住客与产品关系的吸引和认可，提高住客对酒店品牌的美誉度和好感度。

酒店类洗漱用品按类型可分为两个大类：酒店洗漱用具和酒店洗护用品。从酒店品牌形象设计的角度出发，可以设计酒店洗漱用具包装、酒店洗护用品包装。

酒店洗漱用具包装特指酒店为客人提供的一次性牙刷、牙膏、梳子、香皂、水杯等用具的包装设计。这些包装有一个重要的共同特征：延续性和整体性。整个包装设计的风格和特色应当对前期品牌形象基础系统做出延续，同时，还要和以上章节中的洗护用品包装统一为一个整体，即系列包装。酒店洗漱用具包装结构常用的有两种：一种是特制铝模材质包装或牛皮纸材料包装，开口处手撕方便，防水性能较好，价格低廉；另一种则是管式折叠纸盒结构，为了塑性效果并保护洗漱用具，通常采用250克特种纸张（牛皮纸）制作。

洲际酒店集团旗下的英迪格酒店崇尚邻间文化。品牌秉承统一品牌的理念，设计风格融入邻间个性特色，亦在打造个性舒适的家外之家，酒店在众多独具特色的酒店中组成了一个大家庭，遍布全球美丽城市的各个角落。位于天津海河的英迪格酒店推崇独特的"邻里文化"概念，每座城市的酒店都有着不同的设计风格。酒店的装修以天津当地历史文化作为精髓，巧妙地提出概念性设计，让人游览城市美景的同时，穿越历史时空去了解背后的故事。酒店的洗漱用具包装采用复古的色系进行设计，搭配产品信息的文字进行排版，简约典雅不失庄重（见图4.57）。

图 4.57　天津海河英迪格酒店洗漱用具包装设计

长隆马戏酒店位于珠海横琴长隆国际海洋度假区中心位置，是一家具有马戏亲子特色的主题酒店。客房以马戏为主题，打造了包括杂技房、魔术房、奇趣房、家庭房、城堡家庭房等不同房型，核心主题"技巧杂技""动物展示"及"幽默艺术"三大马戏元素无处不在。房间内最有特色的当属儿童洗漱用具包装设计，将产品放入木制托盘里展示存放，包装画面以马戏为题材，插画图形采用"拆分和重组"的关系进行构建，以活泼有趣的色彩吸引孩子使用，与酒店马戏主题的氛围搭配得相得益彰（见图4.58）。

图 4.58　珠海长隆马戏酒店儿童洗漱用具包装设计

　　酒店洗护用品指的是人们日常护理必备的用品，设计项目主要包括洗手液、沐浴液、洗发水、护发素、润肤乳（身体乳）、沐浴盐、精油、香薰等用品的包装设计。在设计的过程中，首先，应遵从前期酒店品牌基础系统定下的标准色彩、辅助图形的配搭原则等，不要因为涉猎包装结构而忽视品牌形象的连贯和整体关系。其次，由于酒店洗护用品的特点大多是一次性使用，为了节约生产成本，外包装通常采用单色或双色印刷，并配以酒店标志、产品名称和相关文字信息（商品成分和重量、使用方法）以及少量的辅助图形和辅助色彩作为配搭。最后，洗护用品产品的特征——黏稠状体也是设计师需要考虑的范围，例如挤压和存储的功能，通常酒店的洗护用品包装会选用圆柱形塑料瓶或塑料软管两种，经济实惠。

　　位于四川省成都市繁华街区的不大酒店，意在建造一所有"心灵"的酒店，让每个住客在酒店居住都能书写自己的故事，与酒店文化氛围融合。秉承"一切都不大，刚刚好"的极简理念，酒店在沐浴液、洗发水、护发素的包装设计上，选择了婉约朴实的设计风格，反映出酒店朴素的品位和独特的内涵（见图 4.59）。

图 4.59　成都不大酒店沐浴液、洗发水、护发素包装设计

（刘欣雨设计）

图 4.60 是希尔顿欢朋酒店的沐浴液、洗发水、护发素、润肤露包装设计。希尔顿欢朋酒店主张"友善、可靠、关怀、周全"的品牌文化，酒店装修风格清新明快，却不失热情活泼。特别是在洗浴间为客人提供的洗护包装，瓶身色彩主打欢快愉悦的绿色和橙色，配以极简的产品文字说明排版，极大程度地体现出酒店对住客的关怀与周全。

图 4.60　希尔顿欢朋酒店沐浴液、洗发水、护发素、润肤露包装设计

商务类型的 IT 酒店，十分注重品牌形象设计调性的统一。酒店装修为现代简约商务设计风格，洗浴间为客人提供的沐浴液、洗发水、护发素、润肤露包装设计，将产品的香味例如橄榄、橙、水蜜桃、椰子等信息，以清新插画展现在瓶贴上，搭配品牌标志及产品信息文字排版呈现，表达了时尚潮流、清新婉约的品牌调性（见图 4.61）。

图 4.61　IT 酒店沐浴液、洗发水、护发素、润肤露包装设计

三亚艾迪逊酒店为了满足现代旅客渴望简约细腻、风雅精致的个性化体验，洗浴及浴盐用品包装设计瓶贴没有出现任何图形元素，打破成规地仅采用文字进行排版设计，黑白经典的色系颠覆了奢华酒店传统、烦冗设计的定义，整体设计风格尽显现代、高级的魅力（见图 4.62）。

图 4.62　三亚艾迪逊酒店洗浴及浴盐用品包装设计

　　Niditas 骑马浪漫酒店是一家可以给客人提供骑马服务的酒店，酒店服务理念即专门为客人提供浪漫和惊喜。辅助图形的设计用到了山雀，寓意夫妻不会因为食物而分开，象征着忠贞不渝的爱情。洗护用具的包装设计风格清新、温婉，橘色配色细腻、温馨，香皂包装上的辅助图形使用 Niditas 字母拼成了象征爱心的图案，给人一种清新浪漫又不失文化内涵的品牌形象（见图 4.63）。

图 4.63　Niditas 骑马浪漫酒店洗护用品及香皂包装设计

（源自新旧品牌设计）

二、其他日用品设计

　　除了洗漱用品之外，酒店还在客房内为客人提供其他日用品。毛巾、浴袍、拖鞋是各大酒店为住客洗漱时提供的免费服务用品，酒店方以环保和节约制作成本为前提，拒绝过度包装，往往采用薄型的透明塑料袋包装即可。为了强调酒店品牌的影响力，给住客留下深刻印象，酒店的标志会印制在这些软性的日用品上，而我们在前期基础部分确定的辅助图形，由于其复杂和特殊性因素（棉麻制品），大都不会在这些用品上重复出现。酒店浴袍则选用纯棉吸水亲肤的面料制作，客人沐浴后直接可穿，因此一般将酒店标志印制在浴袍的左胸位置即可，其余部分不做过多的设计。这样做的好处是能有效强调酒店的品牌效应，让浴袍也具备广告的宣传功能（见图 4.64）。

图 4.64　酒店浴袍设计

匠庐村晓主题酒店的毛巾、浴巾等大部分用品将酒店品牌标志直接呈现，浴巾由于尺寸较大则增加简单的辅形进行修饰。酒店的拖鞋采用无纺布和华夫格两种面料进行制作，设计方面将酒店标志在脚背处进行展现（见图4.65）。

图 4.65　匠庐村晓主题酒店毛巾、浴巾及拖鞋设计

（王家辉设计）

位于葡萄牙的真谛温泉水疗度假酒店，是集温泉和住宿于一体的酒店。酒店装修风格现代、优雅、灵动。由于是温泉酒店，客房无偿为客人提供泳帽、拖鞋、浴袍等用品。泳帽和浴袍分别采用简约风格的设计，免费提供的拖鞋底部出现的小巧水滴图案，取材于酒店"温泉水源"的灵感，绿色的水滴图形搭配酒店标志，充分显示出酒店品牌清新、时尚的气质（见图4.66）。

图 4.66　真谛温泉水疗度假酒店浴袍及拖鞋设计

（葡萄牙 Ogilvy&Mather 工作室）

除此之外，酒店还为客人提供了贴心的生活日用品服务，包括男士必备的剃须刀、女士常用的浴帽、护理包和针线包、干发用的吹风机、清理鞋子的擦鞋布、纸巾盒等日用品。这些日用品由于是酒店免费提供使用的，在进行包装设计的时候，设计师可多从环保经济的角度去考虑包装的结构和材料，在设计画面时可不作辅助图形的使用（见图4.67）。

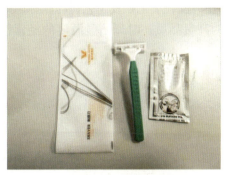
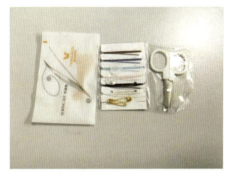

图 4.67　酒店剃须刀、浴帽、护理包、针线包设计

　　位于三亚西岛的岛屿民宿，装修风格充满了渔村的文艺气息。民宿的纸巾盒包装设计采用海上植被、花卉和果实等元素进行抽象图形的提炼，尺寸参数为 210 毫米×110 毫米×50 毫米，材质是 250 克白卡覆膜，可装 50~80 抽纸巾，采用四色印刷工艺，成本较低，十分适合民宿和客栈使用（见图 4.68）。

图 4.68　岛屿民宿纸巾盒设计
（李娅设计）

希尔顿酒店的纸巾盒采用 PU 皮革材质制作，配合手工贴皮工艺，印制标志的方式是压印，从纸巾盒的制作细节不难看出酒店的高贵品质，时刻凸显酒店的经营作风和环境布置的风格（见图 4.69）。

图 4.69　希尔顿酒店纸巾盒设计

第四节　酒店公共关系赠品设计

酒店的公共关系赠品作为酒店和消费者之间联络感情的纽带，特指酒店在涉外活动中赠予消费者的礼品。其设计的品质不仅能体现酒店企业的心意，而且能反映出酒店的经营档次和文化内涵，在宣传酒店品牌的同时，间接地促进了消费人群与酒店的情感、商务往来。酒店公共关系赠品从种类划分包括请柬、邀请函、酒店文创礼品类（台历、地图、各类礼品、明信片）、酒店吉祥物、手提袋等。设计的时候应注意：酒店公共关系赠品是隶属于酒店品牌形象基础部分后续的设计，整体风格和调性须遵从前部分的基因属性；赠品设计功能性设计居多，设计的时候切忌天马行空，不切实际；设计时务必根据各个酒店的品牌、类别、档次、文化、特色针对性地做出创新。

一、请柬、邀请函设计

请柬和邀请函均是酒店对住客沟通的重要媒介，它不但可以向酒店住客或商务伙伴传达活动的信息，也是酒店企业展示品牌形象的一张"脸面"。设计的具体方式，需标注酒店的标志、请柬或邀请函的具体名称、活动的内容及资讯信息（地址、联系人、联系方式），必要时还可设计相配套的信封，以便封装保护。材料和工艺需要根据酒店的档次和特点来设定，高档的印刷工艺往往可以凸显酒店品牌形象的品质。

瑞吉酒店是世界上高档饭店的标志，代表着绝对私人的高水准服务。酒店风格融合了恒久精致与现代奢华，品牌宗旨是坚定不移地信守对客户卓越的承诺。自从品牌创始人阿斯托（John Jacob Astor）于纽约创立地标性的瑞吉酒店以来，瑞吉酒店的选址均位于全球最佳位置，以其无与伦比的奢华、妥帖周到的服务、典雅高贵的环境闻名于世。量身定制的服务与休闲设施、风光怡人的选址以及充满当地色彩的豪华装饰，尽显瑞吉享誉全球的独特之处，吸引了全球旅游者的关注。瑞吉酒店承袭专注"精致生活、优雅绽现"的初衷，在其黑领带慈善晚宴邀请函中，呈现出高端大气的设计风格，黑色和金色的色系在版式中配搭，为慈善晚宴增添了一抹优雅气息，营造了曼妙的慈善氛围（见图4.70）。

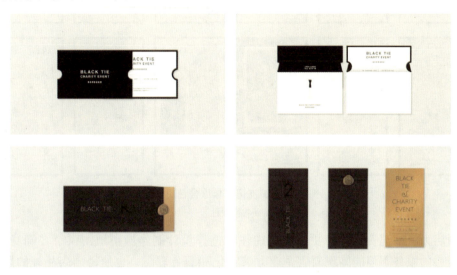

图4.70　瑞吉酒店黑领带慈善晚宴邀请函设计

二、酒店文创产品设计

文创产品顾名思义即"文化创意产品"，指的是设计师用有创意的智慧、工艺、手段对文化资源、文化用品进行创造和提升，并赋予这些产品更高的品牌价值。酒店类文创产品设计类别众多，这里仅选取了酒店主流的产品进行讲解，包括台历、地图、礼品盒、明信片、笔记本设计等。

台历是中国传统文化中不可缺少的日用品，指的是放在桌子上的日历。部分酒店推出的桌面台历是免费赠予可带走的，因此在设计的时候需多从经济实惠的材料和工艺考虑。台历上务必要出现的信息有年份、月份信息、酒店标志、标准字、广告语、地址和联系方式等，彰显酒店品牌形象的同时，酒店高效有序的企业文化、良好的视觉印象也是设计师需要考虑的因素之一。

驴友记青年旅舍坐落于成都市区美丽的府南河边，是一家知名的老字号背包客栈。客栈装修风格为川西民居，院落小巧但极具特色，各种风格的房间、宁静的户外花园和屋顶花园得到了旅行疲惫的年轻背包客人群的青睐。为此，驴友记青年旅舍为住客免费提供了台历，设计构思引用"镜头"为时间轴元素，穿针引线地贯穿一年四季的12个月份展示各种旅程情怀，关照到驴友消费人群的旅行体验（见图4.71）。

图4.71　驴友记青年旅舍台历设计
（曾爽设计）

　　酒店为了使消费者出行更方便，往往会选择设计制作城市地图供游客随身携带。这些暖心的服务不但能体现酒店企业方的文化和服务理念，也使得酒店品牌的影响力深入人心。

　　文华东方酒店的特征是将传统与现代、西方与东方很好地结合起来。酒店经营理念是以精致奢适、细致周到等服务理念彰显酒店杰出的品质。酒店在客房为住客提供免费的购物地图，以风格独特的手绘插画展现地图风貌，让单调乏味的地图变得异趣横生、趣味无穷（见图4.72）。

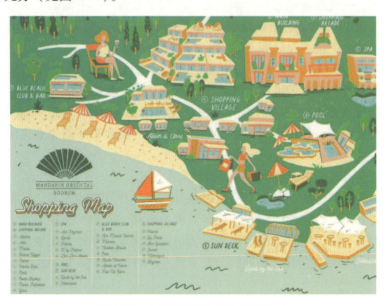

图4.72　文华东方酒店购物地图设计

长隆马戏酒店贴心地为住客提供了地图服务。地图设计将酒店环境——欧洲小镇作为蓝本，描绘出高低错落的屋顶、复古的外墙、颜色跳跃的建筑以及造型独特的钟塔，翻开地图的同时，就能让住客仿佛置身于充满异国风情的欧洲小镇中，时刻充满着童真的情趣（见图4.73）。

图 4.73　长隆马戏酒店地图设计

明信片是一种不用信封就可以直接投寄、图文并茂的卡片。酒店明信片的功能是为住客提供既可以邮寄也可以留存带走，具有纪念意义的纸质卡片。明信片的正面一般会设计图片，其形式包括摄影照片或手绘插画，背面则需要标注收件人的姓名、地址、邮编，以及书写下对收件人要说的话。由于明信片不用信封，因此只需对其正反面进行设计即可。

卡沙卡尔玛酒店坐落于阿根廷布宜诺斯艾利斯市区中心，并以"闹市中的绿洲"为创意理念为住客服务。酒店的明信片设计画风清新婉约，正面部分鸟语花香的插画设计，让人产生远离喧嚣、宁静致远的高尚情怀（见图4.74）。

图 4.74　卡沙卡尔玛酒店明信片设计

（BUNKER3022 工作室设计）

礼品指的是人们相互馈赠的物品。酒店企业为了增进住客和酒店之间的情感交流，同时也为了推销酒店生产的附加商品，常常会推出一些与酒店美食、日用相关的礼品，例如茶类、酒类、西点、月饼或粽子等。在设计、定制礼品的时候，不但要凸显礼品本身的艺术品位和功能价值，礼品本身是否符合酒店品牌形象的定位也显得尤为重要。具体设计的画面，务必要对酒店的标志、产品的名称、广告语及产品相关信息进行标注。对于礼品包装的结构、材料和工艺方面，则要根据酒店方的预算经费、礼品中高端档次定位，做出相应的选择。

图 4.75 是文华东方酒店年货礼品包装、月饼礼品包装设计。设计风格延续了中国传统文化的精髓，扇形包装盒和提篮式包装盒结构，色彩配搭采用传统大红大金，画面题材结合了鱼、孔雀、牡丹等中式元素，工笔画风的插画显得精美绝伦，体现了酒店品牌对中国民族文化和精神内涵的关怀之情。

图 4.75 文华东方酒店年货礼品、月饼礼品包装设计

图 4.76 是金河宾馆的硬纸壳笔记本设计。纸质笔记本的特点不限于格式，可以随意书写，便于记录灵感，拥有传统书写感受，时刻流露出岁月静好的书写情怀。这类笔记本方便存储、分类和收藏，便于随身携带，能够多端查看、方便与别人分享，纸张也比较环保。

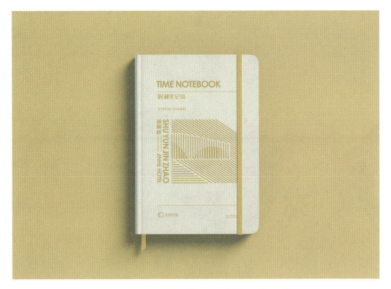

图 4.76 金河宾馆硬纸壳笔记本设计

（王锐设计）

三、酒店吉祥物设计

酒店吉祥物作为酒店企业"无声的代言人"，是最具备亲和力的赠品载体。吉祥物直接反映了酒店企业的品牌个性、文化内涵。酒店企业的气质特征在小小的吉祥物身上"活化"：娓娓道来的文化故事、生机活力的拟人化处理、平易近人的生活化场景，被吉祥物演绎的鲜活生命力。

IU 酒店是近几年受到现代年轻人青睐的互联网主题酒店，其推出了"U 兔"作为酒店吉祥物。这不仅体现了酒店的属性——兔宝宝陪伴进入梦乡，吉祥物可爱的萌点造型更是俘获了年轻消费者的心，同时也为酒店品牌注入新兴人群文化的活力（见图 4.77）。

丽思·卡尔顿酒店是一家闻名全球的高级酒店，分布在 24 个国家的主要城市，其总部位于美国马里兰州靠近华盛顿特区。作为全球首屈一指的奢华酒店品牌，从 19 世纪创建以来，丽思·卡尔顿一直遵从经典高级的风格，更是成为全世界名门、政要下榻的必选酒店。由于品牌的定位是高贵奢华，丽思·卡尔顿被誉为"全世界的屋顶"，广告语"我们以绅士淑女的态度为绅士淑女们忠诚服务"更是在业界被传为经典。由于丽思·卡尔顿酒店的标志上主打狮子的图案，所以酒店将吉祥物角色取材于"狮王"。由此，衍生出了酒店知名的吉祥物——小狮子。每只小狮子吉祥物不仅长相顽皮可爱，而且由于地域文化差别，每家分店小狮子的服饰都略有不同。南京丽思·卡尔顿的小狮子穿了一身古代的私塾服，黑灰搭配，尤其是头顶的小帽子，俏皮呆萌；北京金融街分号的是京戏班子小狮子，花花绿绿的服饰尽显戏曲国粹的魅力；天津分号的小狮子穿上了厨师的制服，戴上厨师帽有模有样；广州富力丽思·卡尔顿的小狮子身穿中国传统服装，唐装特定版的造型显得喜气洋洋（见图 4.78）。

图 4.77　IU 酒店吉祥物"U 兔"

图 4.78　丽思·卡尔顿酒店吉祥物"狮王"

香格里拉酒店的经营理念是热情好客，亲如一家。以发自内心的待客之道，创造难以忘怀的美好经历，时刻令客人喜出望外。为了给客人带来宾至如归的特别体验，酒店特创了吉祥物赠送给每位客人。"LooHoo"是海南语"你好"的意思，位于海南省三亚市的香格里拉酒店的吉祥物"喽吥"的起名就来源于这个创意。喽吥的造型是土生土长的海南黑冠长臂猿，这是一种濒危野生动物，酒店亦在用喽吥作为吉祥物提醒人们保护濒危动物，在展示海南良好生态环境的同时，更希望人与自然和谐发展（见图4.79）。

图4.79　三亚香格里拉酒店吉祥物"喽吥"

四、手提袋设计

酒店品牌形象设计中的公共关系赠品设计，最常用、最重要的赠品就是手提袋设计。无论手提袋的造型和样式如何多样，都应该遵守酒店品牌形象基础系统确定的形式风格。酒店手提袋的主要功能是携带住客物品、酒店企业的资料等，不仅可以用来保护和运输商品，而且能有效地对酒店企业品牌进行宣传推广。在进行手提袋版面设计的时候，酒店的标志、标准色（辅助色）、标准字、辅助图形都要在版式中体现出来。材料和工艺方面，大部分酒店会根据品牌定位和制作成本，可选择无纺布手提袋、纸质手提袋、布艺手提袋、纸塑复合手提袋等。

地处重庆渝北区的奈思酒店，是一家独具魅力的主题设计酒店，融合典雅的设计理念，重温摩登的设计情怀。酒店融合海洋咖啡馆、指甲护理、美睫、皮具护理等生活元素，为住客的旅程增添超值愉悦。房间免费提供的手提袋设计，采用特种纸张制作，标志采用烫金压印，更是对古典和优雅的品牌风格做出了诠释（见图4.80）。

三亚艾迪逊酒店的环保袋设计，采用高档纯棉材料制作，丝网印刷酒店标志图形，将酒店极简、奢华的时尚理念延续到人们的生活当中（见图4.81）。

山水间古迹酒店的环保袋设计，采用纯棉麻材料制作，中式水墨形态的辅助图形搭配标志应用，将酒店品牌文化的细腻感，在小小的手袋上发挥得淋漓尽致（见图4.82）。

图 4.80　奈思酒店手提袋设计
（庹思宇设计）

图 4.81　三亚艾迪逊酒店环保袋设计

图 4.82　山水间古迹酒店环保袋设计
（徐庆庆设计）

第五节　酒店前台用品设计

当住客来到酒店前台办理入住或离店手续的时候，酒店前台会发放给住客一些和入住相关的物品，例如房卡、各类票券（餐券、优惠券、停车券）、行李牌等。这些纸质类的物品，都属于酒店品牌形象设计应用部分的设计范畴，这也是区别于其他品牌形象设计的不同之处。

一、酒店房卡设计

酒店房卡是酒店提供给每位住客用来开启客房门禁的卡片，每张卡片都配有卡套保护，以便书写房号信息。房卡一般分正反两面做设计，需要标注酒店的名称和标志、酒店资讯、住店须知和房卡使用说明等信息，制作的尺寸一般为 85.5 毫米×54 毫米，和银行卡尺寸相同。材料方面多选用特制的 PVC 材料，韧性好不易折断，使用寿命长。

图 4.83 是 7 天连锁酒店的房卡设计，酒店的目标受众是追求高性价比且具备年轻心态和较高文化层次的商务及休闲旅客。房卡沿用了酒店品牌基础系统的配色方案，手写广告语"天天睡好觉"，体现着舒适自在、自由高效、活力风趣的品牌精髓。

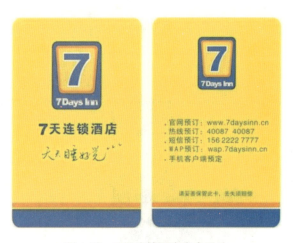

图 4.83　7 天连锁酒店房卡设计

卡套的样式常用的有三种，包括折叠式、口袋式、红包式，设计时卡套封面要标注酒店标志、"房卡"字样、酒店资讯等信息，卡套内侧须将客人姓名、房号、抵离店日期、接待员等信息进行标注（见图 4.84）。

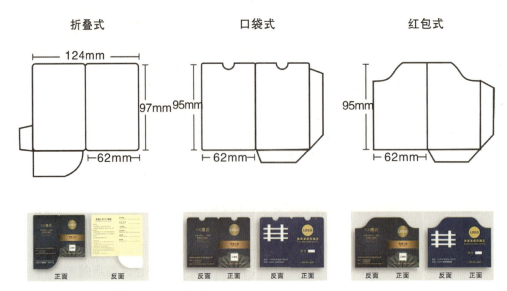

图 4.84　酒店房卡套三种样式

Wheelhouse Hotel 是一家现代化的精品酒店，位于美国芝加哥具有标志性的美国职业棒球大联盟公园和芝加哥小熊队所在地。这家拥有 21 间客房的酒店改建自 20 世纪早期的灰石建筑，设计灵感融合新与旧，酒店的客房涂有黄色、桃红色、橙色、蓝色等，并配有木制调音台，以及镀金的灯具和现代风格的装饰。酒店的装修设计获得了酒店奥斯卡奖——金钥奖。其房卡套采用折叠式设计，简单方便易于拿取，卡套画面以标志及简约文字信息为主导，强调卡套的功能性，风格上反映出棒球运动的干练（见图 4.85）。

图 4.85　Wheelhouse Hotel 卡套设计

二、酒店各类票券设计

酒店各类票券主要包括餐券和各类优惠券。早餐是酒店免费或付费提供给酒店住客的餐饮食物，因此早餐券是酒店餐券最主要、最常用的类别。餐券还包括午餐券、晚餐券、中餐（西餐）券、酒水券、下午茶券等，分别根据酒店餐饮类型的不同去做设计，设计的时候版面需要配图，文字信息则需标注酒店标志、票券的名称、资讯信息以及相关使用说明等。其余各类票券例如优惠券，是酒店为了产品促销而发行的折扣券、代金券、停车券、各娱乐设计券等。设计画面的时候和餐券雷同，需标注酒店标志、票券的名称、资讯信息以及相关使用说明。票券有正反两面设计，分为正券和副券，副券和正券之间有条虚线的撕线，可以分开。其主要的尺寸包括 52 毫米×140 毫米、54 毫米×180 毫米、68 毫米×210 毫米，用粘本形式装订即可，数量为 50～100 张一本，制作材料一般选用 120 克至 300 克不等厚度的双胶纸、铜版纸。

图 4.86 是位于成都东郊记忆的成都果然 24 房酒店早餐券设计，餐券制作了黑白两种颜色，设计风格简约时尚，符合年轻人偏爱潮流的审美体验。

图 4.86　成都果然 24 房酒店早餐券设计

（张王阳设计）

抚仙湖牵尘度假酒店的停车券，在正面标注发券日期和停车号码，背面提供相应的停车须知，为远途驾车来的住客提供了方便（见图4.87）。

图4.87　抚仙湖牵尘度假酒店停车券

三、酒店行李牌设计

酒店行李牌是酒店免费提供给住客寄存行李服务的卡片凭证，客人寄存行李凭此凭证识别拿取自己的行李。行李牌分为正反两面，正面通常标注酒店标志、"行李寄存牌"字样、寄存者的姓名、日期、房号、行李件数、客人签名等，背面则设计行李寄存须知和酒店标志即可。常用尺寸可作66毫米×128毫米、70毫米×180毫米两种，推荐使用300克铜版纸，更加耐用。

汉姆连锁酒店坚持品牌理念"好睡眠，心旅程"，是一家商务型酒店。酒店为住客提供免费寄存行李服务，行李牌设计简单明了，标注好寄存行李的各类信息，时刻为客人提供轻松便捷的寄存服务（见图4.88）。

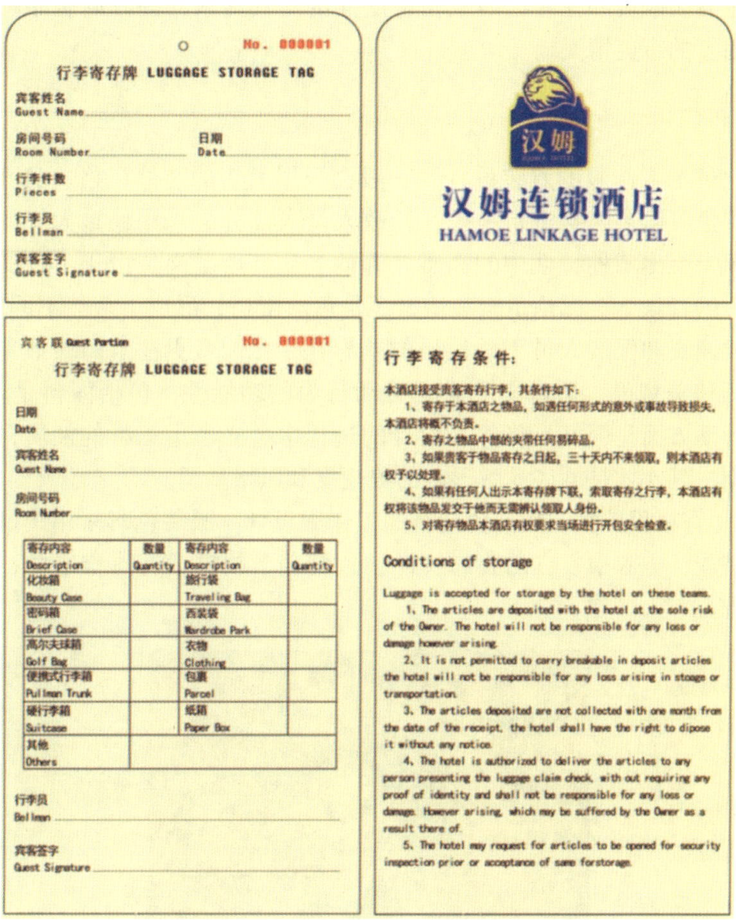

图 4.88　汉姆连锁酒店行李寄存牌

第六节　酒店服装配饰设计

"服装配饰"一词中，"服"意思是衣服、穿着；"饰"表示修饰、饰品；"配饰"则指的是搭配装扮的点缀品。酒店服装配饰是酒店品牌形象设计里不可缺少的组成部分。整体有序、美观个性的服饰，能让酒店员工之间产生对酒店的归属感和凝聚力，对于企业管理秩序以及酒店形象氛围营造、品牌文化渲染都起到了无形的约束和提升作用。一般来讲，酒店服装是根据酒店各个岗位的职责和工种性质去设计的，这也是区分酒店内部员工身份识别的方式之一。例如行政类岗位（行政管理岗位、销售岗位）工作服设计、后勤类岗位工作服设计（大堂迎宾、前台服务员、客房服务员、保洁、厨师、保安、门童）、酒店文化衫设计等，具体设计的时候，既要考虑服装的季节、面料和款式、人群特点，又要把酒店的特色和文化体现出来。

酒店的配饰设计整体基调和酒店服装需统一，既要符合员工的实际身份和工作性质，也要体现出酒店品牌的文化理念和经营属性。整个设计需要具备审美价值和信誉价值，能满足酒店职员和住客物质及精神层面的时代需求，提升酒店品牌形象的同时也陶冶了使用者的审美情操。

一、酒店行政及后勤岗位工作服设计

酒店企业员工工作服的着装设计，一般会根据酒店的装修风格、品牌文化、地域特征、服务特色等诸多因素进行考虑。行政人员大部分会采用稳重大气的颜色，裁剪注重简约干练，突出工种特性中的高雅严谨的气质。后勤岗位由于工种的多样化，在视觉形象统一的背景下，无论是服装造型还是色彩配搭，形成了截然不同的视觉效果。例如酒店大堂迎宾和保洁人员工种性质的差异在于：前者更注意门面形象，包括服装面料的档次感和美观度，后者则更重视劳动行为的功能性，包括面料是否耐脏耐磨、易于清洗，行动方面是否好操作等。设计的过程中务必考虑工种的性质，也就是服装的功能性原则，其次才是酒店品牌形象的美观度和风格基调。

图4.89是香格里拉大酒店前台迎宾的工作服设计。服装色彩采用中国传统文化的红色、黑色搭配，上衣中复古的装饰纹样雅致精美，领口裁剪典雅华丽，尽显东方文化的端庄大方。

图4.89　香格里拉大酒店前台迎宾

万豪旗下的丽思·卡尔顿酒店作为全球首屈一指的奢华酒店品牌，遵从经典高贵的品牌文化，餐厅厨师服饰扣件部分采用布包圆扣头，手工定制牢固耐用，衣身面料透气亲肤，时刻彰显出厨师的精湛厨艺水平，力求为宾客提供环球美食的工作热忱（见图4.90）。

图 4.90　丽思·卡尔顿酒店厨师服设计

二、酒店文化衫设计

　　文化衫，可以理解为"文化"加"衣衫"，也指酒店 T 恤。酒店企业将酒店品牌的标志、文化口号以及精美的辅助图形等元素印制在 T 恤上，赠予或售卖给酒店内部员工和住客，以此传播酒店品牌文化内涵，达到宣传酒店品牌形象的目的。酒店文化衫通常采用纯棉面料的空白 T 恤制作，莱卡棉、CVC、莫代尔、莱赛尔等面料也是制作的备选材料。印刷方面有高端刺绣、高端丝印、热转印等工艺进行图案印花，量小且便捷的还可以采用数码直喷的技术进行图案的印刷，经济商务型酒店在款式上可选择包括穿棉圆领短袖、纯棉落肩五分袖；星级酒店则可选择丝光棉、冰丝绵翻领款；主题酒店、客栈、民宿可选择时尚潮流的圆领款。

　　图 4.91 是位于甘肃省敦煌市的沙漠星星酒店 T 恤设计。星空元素的插画作为辅助图形搭配胸前的酒店标志，灰色色系清雅悠远，让棉质的文化衫充满无垠沙漠的浪漫主义色彩（见图 4.91）。

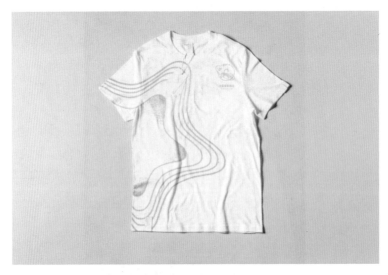

图 4.91　沙漠星星酒店 T 恤设计

（杨一凡设计）

　　图 4.92 是麓枫酒店的 T 恤设计。麓枫酒店作为中端的连锁酒店，致力于为年轻的商务人士打造舒适睡眠。酒店设计以薰衣草元素与香氛文化完美结合，亦在赋予住客一段紫色旅程。T 恤设计符合薰衣草宁静自然、慵懒平衡的芳香调性，因此衣体颜色选择薰衣草的紫色色系，标志图形为凸显品牌，时刻传达酒店品牌由繁至简的生活态度。

图 4.92　麓枫酒店 T 恤设计

三、酒店配饰设计

配饰可用于装饰或配搭人们的服装。酒店的配饰设计主要包括帽子、丝巾、胸牌（卡）徽章、雨伞等物品。配饰在设计的过程中需要放置酒店标志、标准字及标准色、辅助图形等。一般设计师会根据配饰本身所产生的功能性，以及所在场合的环境氛围，搭配材料各异、形状不同的载体。对于酒店企业方来讲，具有良好宣传效果且审美情趣较高的配饰，是可以作为礼品馈赠给酒店员工或住客的。

酒店员工胸牌是酒店配饰设计中运用最为普遍的物品。每个工作岗位的工作人员都会在员工制服右胸处佩戴区分工种的胸牌。尺寸普遍为 70 毫米×20 毫米、70 毫米×25 毫米，颜色按需定制，材料可采用不锈钢、铝合金、黄铜等，工艺分别为激光雕刻、UV 印刷、丝网印刷等，佩戴款式分为别针款和磁铁款（见图 4.93）。

图 4.93　酒店员工胸牌设计

酒店雨伞作为酒店配饰，一般会为客人免费提供，通常放置于酒店大堂或客房内。雨伞制作可选择单色、渐变、全伞、伞套印刷。山水间古迹酒店在大堂前台为客人提供免费雨伞服务，伞身除了常规的酒店标志设计标注以外，还配合酒店风格印制了丰富、灵动的抽象形态图案，让住客在雨中的使用体验也富有诗意（见图 4.94）。

图 4.94　山水间古迹酒店雨伞设计

（徐庆庆设计）

第七节　酒店导视系统及展示设计

　　酒店的导视系统及展示设计都可以统称为酒店空间设计，指的是设计师通过前期酒店品牌形象设计中的基础系统元素，采用整合和延展的应用方式，对酒店内外部特定空间等环境进行系统的设计，以此帮助人们识别、了解环境的区域导向、功能特征，进而达到酒店企业宣传品牌形象的目的。在进行酒店空间设计的时候，由于是将二维平面设计的元素整合到三维立体空间中，除了单纯体现出酒店企业的服务特色、文化理念、经营属性等功能作用以外，还要特别注意对视觉要素的提炼、归纳、整体、秩序、创意等特质，必要的时候还需要对视觉元素做出简化，将空间设计融入酒店环境当中（见图 4.95）。

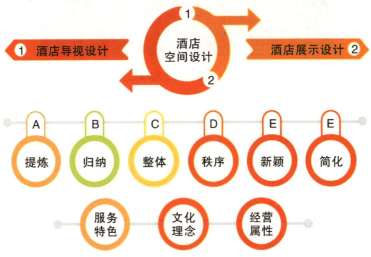

图 4.95　酒店的导视系统及展示设计

（徐庆庆设计）

一、酒店导视系统设计

"导视系统"最初来自英文单词"Sign",它有信号、标志、说明、指示、预示等多种含义。酒店导视系统同时也指的是酒店指示系统,其设计的目的是为酒店内外部特定空间的人群,提供方向、路线等位置信息,以此帮助人们进行识别和指引。现今与时俱进的酒店导视系统,逐步成为酒店品牌文化中的一部分,除了常规的引导、说明、指示等功能之外,对于酒店空间环境的布置、造型风格的辅助、酒店企业文化的展示,都发挥着积极的作用。

在进行酒店导视系统设计的时候,须把控三个影响导视设计策略的因素:导视牌的造型要和装修品位一致、导视牌的色彩搭配要和整体装修和谐、室内导视牌需要有引导指示作用等。首先,导视牌造型要和装修品位一致。每项导视牌的主要构成元素包括酒店标志、酒店标准字、酒店标准色、酒店辅助图形四个重要部分,设计师根据各个区域空间的功能和需求,结合酒店实景装修风格、内外部环境条件进行全新整合甚至再造形态,例如方形、阔形、椭圆形、拱形、波浪形、锥形、扇形、混合形等这些形态,要和酒店装修衔接为一体,风格简洁明快、协调搭配。其次,导视牌的色彩搭配要和整体装修和谐。若酒店墙面多以白色、中性米黄、淡黄等浅色为主,导视牌也应该以暖色的浅色系为主。也可选择中性色、中间色去协调墙面和空间的关系,其间点缀少许原色,原则上色数不宜超过 3 种。特别是星级类型酒店讲究高级感,所以在色彩上导视牌不能喧宾夺主,最大限度地维持酒店装修品位与风格。最后,室内导视牌需要强调引导和指示的作用。酒店的洗手间、大堂、楼层、房间、游泳池、酒吧、健体中心、餐厅、停车场、会议中心、SPA、氧吧、服务台、行政楼等区域都需要依靠静态导视牌来指示动线,室内导视牌上的文字与图示表达,务必让住客做到精准无误地理解和人性化识别。

细化的部分可对每项导视的尺寸、材料、工艺进行文字性标注说明。在设计落地的环节,不但要考虑酒店方在制作中工艺是否合理、经济成本性价比如何,还要遵从导视设计的功能和用途,凸显酒店品牌的档次感和文化诉求。

位于美国马里兰州华盛顿大学公园市的马里兰大学酒店是一家四星级酒店,其地理位置优越,周围风景绝佳。由于酒店整体建筑风格现代年轻,因此在导视设计上主要保持简单的形式,酒店内部所有路标均采用丙烯酸材质,标识配色为黑色背景和清晰的灰白色,基于圆角作为线条和字形的规则,与酒店整体保持统一,显得既年轻化又富有设计感(见图4.96)。

图4.96　马里兰大学酒店导视设计

（Skylar Hayden 设计）

Hotel 1231 是一家四星级精品酒店，位于波兰托伦旧城区的中心。基于1231酒店由城堡改造而成，设计师将城堡的哥特式建筑图案与酒店标志相结合设计了丰富的镂空导视图形。内部空间使用铜和涂漆钢等材料，信息易读，整套设计突出了酒店的哥特式风格（见图4.97）。

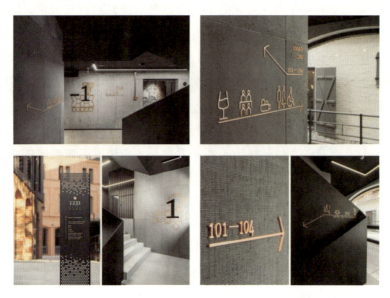

图4.97　Hotel 1231 导视设计

（Kolektyf 设计）

二、酒店展示设计

展示设计是一门综合的艺术设计。酒店展示设计指的是酒店企业在特定空间和范围内，将酒店产品促销、酒店广告宣传等即时信息，通过空间与平面的精心创造，运用艺术设计语言和形式手段等全新的语意，将创造出来的设计空间传递给酒店住客。在当今全球信息大爆炸的时代，优秀的酒店展示设计不仅能达到解释展品、宣传主题的目的，还能增强酒店消费人群的参与感和互动性，在树立良好的酒店品牌形象的同时，还能促进酒店与住客的良性沟通，进而提高酒店的入住率。

图 4.98 是天津于家堡洲际酒店大厅的圣诞节主题展示设计。主要布置区域位于酒店大堂，展示空间配合酒店相关促销活动，围绕圣诞树、圣诞雪屋、圣诞礼物等节日象征的主题元素，营造了西方传统节日的喜庆氛围，宣传和提升了酒店方的品牌形象，进而带动销售业绩的攀升。

图 4.98　天津于家堡洲际酒店圣诞节主题展示设计

思考与练习

1. 酒店品牌形象设计应用系统的具体内容包括哪些？

2. 在酒店品牌的办公用品设计阶段，其辅助图形和排版需要特别注意哪些细节，才能使得办公事务具备使用功能和严谨性？

3. 酒店品牌的媒介宣传设计包括哪些内容？现在市场主流媒介包括哪些？

4. 酒店类洗漱用品设计具体包括哪些项目？设计的时候需要注意哪些原则？

5. 在酒店公共赠品关系设计中，文创产品设计如何做出创意，与时俱进？

6. 酒店行政及后勤岗位工作服设计的过程中，需要考虑哪些因素？

7. 列举 2~3 家知名酒店的导视系统及展示设计，并思考其设计的利弊。

题目：主题酒店（民宿、客栈）品牌形象应用系统设计

要求：

1. 本章专题实训源自第三章专题实训内容。在对第三章主题酒店（民宿、客栈）设计的标志及基础系统设计完成以后，本次实训继续对该品牌项目进行应用系统设计。

2. 每组同学针对主题酒店（民宿、客栈）进行应用系统设计。根据第三章专题实训中基础系统的规范要求，继续为其设计应用系统。具体内容包括：酒店办公用品设计（名片、信笺、信封、文件袋、档案袋、茶杯、咖啡杯、纸杯、工作证设计等）、酒店媒介宣传设计（海报、宣传册、广告、新媒体设计等）、酒店洗漱类用品设计（洗漱用品包装、其他日用品设计等）、酒店公共关系赠品设计（请柬、邀请函、酒店文创产品、吉祥物、手提袋设计等）、酒店前台用品类设计（房卡、各类票券、行李牌设计等）、酒店服装配饰设计（行政及后期岗位工作服、文化衫、配饰设计等）、酒店导视系统及展示设计（各空间综合信息导览、客房门牌、酒店大厅展示等设计）。

3. 以上应用系统中每项内容需配平面图或展开图（标注尺寸），并相应附上模拟的效果贴图或成品图。

第五章 | 酒店品牌形象手册的内容与制作

　　通常，酒店品牌形象设计的成果会以手册的形式进行凝练。手册在呈现的过程中，由于受到了艺术与技术、材料和成本等多方面因素的影响，从内容选择到设计制作，再到归纳整理，其专业跨度、行业跨度以及技术跨度相当之大，涉及综合设计等学科门类的知识。设计和制作精良的品牌形象设计手册，可以作为指导酒店企业管理员工的准则，并且对员工日常工作行为起到正面的指导作用。

　　酒店品牌形象设计在定稿并得到酒店甲方确认之后，设计团队会将定稿的电子版本设计内容，印刷并装订制作成册，按照一定数量发放给各部门员工，形成一套系统完整、条理清晰的操作说明。对于没有接收过酒店品牌形象设计培训的酒店管理员工来讲，系统专业的品牌形象手册显得十分必要。纸质的酒店品牌手册是酒店品牌形象的整合，也是进行酒店品牌管理的必要工具，它能有效地促进酒店视觉形象宣传，将酒店视觉识别系统操作规范，便捷快速地实施，为酒店企业持续发展奠定基础。另外要注意的是，手册具有的规范性和系统化不容肆意变更，持续遵循手册准则是酒店方履行品牌形象的最终标准（见图 5.1）。

图 5.1　酒店品牌形象设计手册制作步骤

第一节　酒店品牌形象手册的内容与排版

　　酒店品牌形象在纸质手册呈现之前，第一步需要做的是根据酒店品牌的需求，去搭建手册内容的框架。手册内容的框架包括酒店品牌基础系统、酒店品牌应用系统两大部分。内容框架搭建好后，整体手册的排版风格也需要根据酒店的地域文化、品牌理念、服务特色、主题特征进行表达，最后通过印刷和装订，经酒店方验收后完成所有制作工序。

一、酒店品牌形象手册的内容

　　一本完整的酒店品牌形象手册包括封面、扉页、目录、酒店品牌形象基础系统、酒店品牌形象应用系统、封底等内容结构。手册的封面务必呈现的信息有手册名称、酒店标志、酒店标准色和辅助图形等内容。封底一般不做过多设计，添加酒店的公众号或网址等资讯信息即可。扉页指的是打开封面后的第一页，酒店品牌形象手册的扉页和书籍装帧的扉页略有不同，酒店手册扉页最大的功能是可以放置引言（引入酒店品牌的理念和文化、目的和动机），其次是装饰手册来增加美感。目录页面的内容需要将所有页面中涉及的项目明细罗列出来，包括基础系统和应用系统两大板块，每个板块中的项目明细和页面之间，应搭配对应的序列号和页码。

　　在手册的内页部分，需要以分页的形式详述设计酒店品牌基础系统和应用系统两大板块，具体设计方法已在前面的第三章节、第四章节分别进行了详述。酒店品牌形象设计基础系统的项目内容明细包括酒店标志（标志及释义、标准制图、使用规范）、酒店标准字、酒店标准色、和辅助色、酒店辅助图形、酒店吉祥物、酒店专有印刷字体、酒店元素组合规范设计等。酒店品牌形象设计应用系统的项目内容明细包括酒店办公用品（名片、信笺信封、便笺纸、文件袋档案袋、办公杯具类、工作证）、酒店媒介宣传设计（海报设计、宣传册设计、广告设计、新媒体设计、网页设计、APP 设计、公众平台宣传）、酒店洗漱用品包装设计（洗护用品包装设计、洗漱用具包装设计、毛巾、浴袍、拖鞋设计、其他日用品设计）、酒店公共关系赠品设计（请柬、邀请函）、酒店文创礼品类设计（台历、地图、礼品盒、明信片）、酒店吉祥物设计、手提袋设计、酒店前台用品设计（酒店卡类设计、酒店各类券、行李牌）酒店服装配饰设计（酒店行政及后勤岗位工作服设计、酒店文化衫设计、酒店配饰设计）及酒店导视系统设计（酒店导视系统、酒店展示设计）（见图 5.2）。

　　在每本手册内页中，为了让手册信息清晰明了，设计师需要增加页面的眉头、页脚、页码、平面展开图（效果图）的设计说明、平面图的尺寸标注、材料工艺的使用标注等信息。眉头要凸显出酒店的标志和手册的名称、该页所在目录页对应的名称等，使得翻阅手册的人群便于检索。平面展开图（效果图）的设计说明只需简明扼要，陈述设计内容的思路、功能作用即可。标注平面图的尺寸注意信息突出、线条清晰，数字字号适中为佳，材料工艺的使用标注在右上角即可。

名称	具体内容	呈现目的
封面手册	手册名称、酒店标志、酒店标准色和辅助图形	引入酒店品牌的理念和文化、目的和动机
扉页	引言	宣传、包装、美化手册
目录	罗列内容明细，将项目明细和页面之间，配搭对应的序列号和页码	展现内页设计项目明细，便于检索和查阅
基础系统	酒店标志（标志及释义、标准制图、使用规范）、 酒店标准字、酒店标准色、和辅助色、酒店辅助图形、 酒店吉祥物、酒店专有印刷字体、酒店元素组合规范设计、	构成品牌整体基础形象， 为应用系统提供规则
应用系统	酒店办公用品（名片、信笺信封、便签纸、文件袋档案袋、办公杯具类、工作证）、 酒店媒介宣传设计（海报设计、宣传册设计、广告设计、新媒体设计、网页设计、APP设计、公众平台宣传）、 酒店类洗漱用品设计（洗护用品包装设计、其它日用品设计）、 酒店公共关系赠品设计（请柬、邀请函）、 酒店文创礼品类设计（台历、地图、礼品盒、明信片、手提袋设计）、 酒店吉祥物设计、 酒店前台用品设计（酒店房卡设计、酒店各类票券、行李牌）、 酒店服装配饰设计（酒店行政及后勤岗位工作服设计、酒店文化衫设计、酒店配饰设计）、 酒店导视系统设计（酒店导视系统、酒店展示设计）、	通过落地的应用项目， 彰显酒店品牌的经营理念和文化
封底	酒店标志、酒店公众号、网址等资讯信息	展示资讯信息

图5.2　酒店品牌形象手册内容一览

二、酒店品牌形象手册的排版

酒店品牌形象手册排版最终的效果如何，取决于设计师在前期是否整体筹划，包括手册内容分类的方式、页面排序、页面编码、文字和图片校对等。

具体来讲，封面设计要做到美观大方，而不是采用拖沓冗长的排版设计。为了凸显酒店品牌的特性和属性，手册封面可适当配注酒店品牌的广告语或口号、标准色及辅助图形等作为修饰；扉页部分的文字一般是引言，背景图方面可以选择酒店内部或外部空间的效果图或者意境图进行表现；目录的功能是让使用者更好地理解和检索正文的内容，排版需注意项目内容和页码对标，版式风格明白易晓、高级大方；在手册正文部分排版过程中，内页中的眉头、页脚、页码布局注意与中心内容的主次关系，切勿喧宾夺主，技术性的文字说明（例如色彩管理规范、标志制图规范、应用项目的制作规范等内容）一般可以安排在版面左侧或者下方位置，这样符合视觉阅读流程。

图5.3是中铁温泉酒店品牌形象手册的规范设计。从封面到序言，从目录到内页设计，整个手册保持了酒店文化、企业理念与视觉元素的统一完整，版面视觉效果冲击力强，基础和应用部分内容详尽、规范、细致，手册的实施性较好。

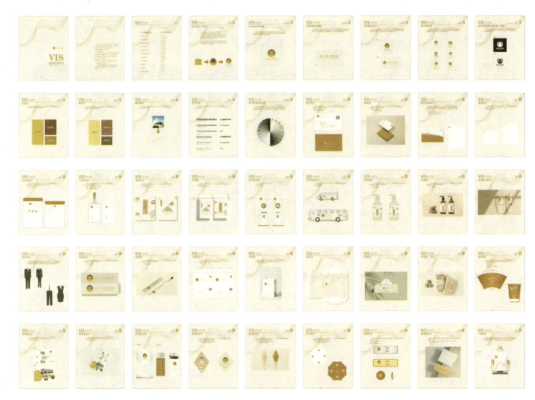

图 5.3　中铁温泉酒店品牌形象设计手册

（蒋文庆设计）

图 5.4 是山顶度假酒店品牌形象手册的版面设计。设计师结合酒店的度假特色，无论是从版面的眉头到页脚，还是辅助图形在各个版面中的穿插运用，均赋予了山顶度假酒店独有的高贵气质。手册项目涉及了酒店特有的应用区域，包括酒店洗漱用品和酒店礼品，酒店执行者根据手册中制定的执行标准和应用指南，系统化、标准化地实施酒店品牌战略，无形中奠定了该酒店品牌在行业中的竞争实力。

和书籍装帧排版的原则类似，酒店品牌形象手册的排版需要特别注意几个要素：整体风格的统一性、页面布局的科学合理性、编排灵活且有序。常需要规避的一些问题包括：标准色和辅助色在贯穿手册始终时避免花乱；辅助图形的体量大小在运用到页面背景时，不易过大和醒目；所有页面涉及的文字和数字（眉头、页脚、页码、正文），其文字的分级、字体、字号、段落距离、行间距、字间距等要有序统一；所有目录、正文页面涉及的文字和图片其对齐方式也需要一律统一。以此，遵从酒店品牌形象手册排版的规范，保持整个手册的系统性和完整性（见图 5.5）。

图 5.4　山顶度假酒店品牌形象手册

（罗子涵设计）

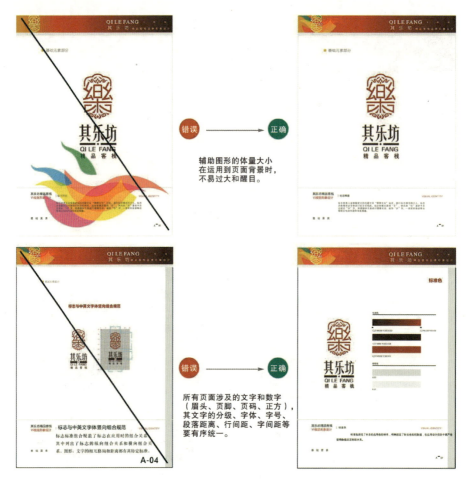

图 5.5　酒店品牌形象手册排版的规范

（笔者设计）

第二节　酒店品牌形象手册的制作

　　市场上大部分的酒店品牌形象设计手册在设计完成之后，都要进行成品制作即印刷装订成册。设计师具体选择何种纸张、印刷工艺、装订形式，也需要根据酒店方的实际情况和经费预算来实现，在突出酒店品牌形象文化和特征的同时，管理和实施是否到位也是后期需要跟踪的环节。

一、手册的印刷工艺知识

　　手册的印刷形式多种多样，目前市场上酒店企业方大致使用频率较高的方式包括胶版印刷、无版印刷和数码快印。

　　胶版印刷也称为平版印刷，是一种较为传统的印刷工艺，印刷的原理是通过滚筒式胶质印模把沾在胶面上的油墨转印到纸面上。胶版印刷的优势是印刷的清晰度高、层次饱满、套印准确等。但由于前期需要制版，导致整个制作成本偏高，特别对于印刷量较小的酒店企业来讲性价比不高，印刷量较大的酒店企业可优先采用这种方式（见图5.6）。

图5.6 胶版印刷

无版印刷，顾名思义指的是无须制版的一种印刷技术，例如通过电脑与网络的连接，运用数码印刷机进行印制。其优点是省去了输出底片、制版、晒版、上机、控墨等环节，更类似工业用的大型打印机，其经济成本相对胶版印刷而言较低，缺点是其印刷效果不如胶版印刷画面优质（见图5.7）。

图5.7 无版印刷

数码快印也称为数字印刷，主要通过激光打印和喷墨打印两种方式实现。数码快印和传统胶版印刷最大的不同在于，前者可以一张页面起印，无须制版，后者既要制版，还要达到一定数量才能起印。数码快印的优势十分突出。工序简单，从设计电子定稿到纸质成品一步到位，快速高效；成本低廉，突破了以前以上千页起印到一页起印的经济瓶颈；灵活性高，可更正甚至变化印刷资料，例如重新印刷错误、遗漏页面等。数码快印的纸质成品保存度虽然不如胶版印刷，但其物美价廉、快速便捷的印刷模式吸引了印量较小的客户群。设计师可根据酒店企业的具体情况进行印刷方式的选择（见图5.8）。

图5.8 运用数码快印印制的手册

在工艺方面，酒店品牌形象手册和书籍装帧中的工艺知识类似，可分为热转印、UV透明油、压印、覆膜等手段。热转印的特点是烫金、烫银甚至其他颜色均可，显得文字或画面具有富贵和高级感，一般用于封面；UV透明油能在纸张上呈现透明反光的效果，手感特殊视觉精致，适合封面和扉页；压印可以印凹凸，增强画面或文字的立体感和感染力，封面和扉页可考虑使用；覆膜主要指过塑或过胶，可做光膜、亚膜、水晶膜的效果，可在封面封底整体使用（见图5.9）。

图5.9 手册的制作工艺类型

二、手册的装订技巧

手册装订的方式主要分为简装和精装。酒店企业方在进行品牌形象手册装订时，可根据经济成本和手册风格特点进行选择。

简装的装订形式可选择骑马订、铁圈或塑圈装订、无线胶装。骑马订是最便宜和普通的装订方式，非常适合页数较少、成本较低的手册，手册页数的数量设置应为 4 的倍数，例如 20~32 页；铁圈或塑圈装订都是在手册的一侧打孔用铁环或者塑料环穿起来，页数最佳选择为 40~500 页，其优点是方便快捷，还可查缺补漏，进行调整和更正；无线胶装的使用十分普遍，利用特种黏合剂和装订机集合将手册黏合装订，工艺相对前面几种更为复杂，成本略高，其优势是精致耐用，最佳装订页数控制在 40~200 页（见图 5.10）。

图 5.10　手册的装订类型

手册的精装也是特种纸装订，最大的特点是将封面印刷在特种纸上后，再装裱在硬纸板上形成坚挺的硬书皮，内页则采用锁线胶装装订，起订页数 50~450 页，精装装订成本较高且较为费时，但优点是凸显了酒店企业方品牌形象的富贵、华丽，档次较高，效果也好。

酒店品牌形象手册是整个设计系统流程中的最后一个呈现阶段，它代表着设计成品的展示成果和设计团队的心血。为了配合酒店企业方对手册进行有效使用和存储手册，设计团队除了将纸质成品手册交付给企业，和手册制作对应的电子稿（含分层的制作文件）也要通过光盘、U 盘的方式交付给企业方，双方共同履行科学合理的手段管理好手册，使它更为有效地传播给酒店企业内外的公众，从而达到社会公众对酒店企业的理解、支持与认同。

思考与练习

1. 酒店品牌形象手册制作步骤有哪些？
2. 在品牌形象手册的设计中，如何兼顾形式美与功能性？
3. 酒店品牌形象手册的印刷形式分别是哪几种？
4. 酒店品牌形象手册的装订形式有哪些？你认为哪一个装订形式最实用？为什么？

题目：**酒店品牌形象设计手册的设计与制作**

要求：

1. 本章专题实训延续第 2 章、第 3 章、第 4 章专题实训的内容。每组同学针对前 3 章专题实训的酒店项目确定的基础和应用系统，开展其酒店品牌形象手册的设计与制作。

2. 手册结构包括封面、封底、序言、扉页、目录、内页 6 个部分。封面信息需包括酒店标志、手册名称、辅助图形或意境图等。内页部分信息需设计眉头、页脚、页码等。

3. 将手册速印后进行装订并制作成册。

▶▶ 参考文献

[1] 陈绘. VI 设计 [M]. 北京：北京大学出版社，2017.

[2] 林澍倩，陈艳梅，张力. 品牌视觉设计 [M]. 沈阳：东北大学出版社，2019.

[3] 吴华堂，张振中. 品牌形象与 CIS 设计 [M]. 青岛：中国海洋大学出版社，2018.

[4] 席涛，戴文澜，胡茜. 品牌形象设计 [M]. 北京：清华大学出版社，2012.

[5] 方利民，辜昕宇，张鹏. CIS 2.0 品牌文化形象设计 [M]. 北京：中国民族摄影艺术出版社，2018.

[6] 楼国正. 品牌与 CI 设计 [M]. 石家庄：河北美术出版社，2019.

[7] 华玉亮，芮顺淦. 企业形象设计 [M]. 上海：上海交通大学出版社，2018.

[8] 王犹建，张红. 企业形象设计 [M]. 哈尔滨：哈尔滨工程大学出版社，2019.

[9] 李宗尧，马丽，杨韶媛. 企业形象设计 [M]. 北京：兵器工业出版社，2017.

[10] 石峰，丁韬，朱涛. CI 企业形象设计与实训 [M]. 北京：科学技术文献出版社，2018.

[11] 严璇，侯少蓉，向颖. VI 设计 [M]. 沈阳：东北大学出版社，2017.

[12] 易中华，常利群. CI 设计 [M]. 武汉：华中师范大学出版社，2018.

[13] 苏珂，方燕. CI 设计与制作 [M]. 沈阳：东北大学出版社，2019.